AF355043

Fútbol: LA AMPLITUD

Concepto y 50 tareas para su entrenamiento

Manuel Jesús Crespo García

Título: FÚTBOL: LA AMPLITUD. CONCEPTO Y 50 TAREAS PARA SU ENTRENAMIENTO
Autor: MANUEL JESÚS CRESPO GARCÍA
Corrección del texto: MANUELA CASTILLO SOLER

Editorial: WANCEULEN EDITORIAL
Sello Editorial: WANCEULEN EDITORIAL DEPORTIVA

ISBN (Papel): 978-84-18262-87-6
ISBN (Ebook): 978-84-18262-88-3

DEPÓSITO LEGAL: SE 1134-2020

Impreso en España. 2020

WANCEULEN S.L.
C/ Cristo del Desamparo y Abandono, 56 - 41006 Sevilla
Dirección web: www.wanceuleneditorial.com y www.wanceulen.com
Email: info@wanceuleneditorial.com

ÍNDICE

INTRODUCCIÓN

En la iniciación al mundo del entrenamiento, es muy usual intentar encontrar una receta o una fórmula que resuelva nuestras necesidades, y que cubra las posibles lagunas que tengamos en nuestro conocimiento o en nuestra capacidad.

La complejidad y diversidad del juego, hacen que haya que tener un conocimiento del mismo para su enseñanza y para su aprendizaje en algunos casos.

El fútbol está evolucionando y van apareciendo nuevos conceptos con diversidad de interpretaciones, atendiendo a las distintas corrientes a las que seamos más afines. No obstante, creo que todo se puede adaptar y se le puede sacar rendimiento, siempre que tenga una buena argumentación y no nos dejemos atraer por dogmas.

Este libro con tareas no pretende ser una respuesta matemática a las necesidades que pueda tener un entrenador para encontrar soluciones a los problemas que se le planteen. La intención es poder manejar recursos, adaptarlos a nuestra realidad de entrenamientos y que puedan introducirnos y orientarnos a conseguir en el entrenamiento los objetivos pretendidos.

He reducido el uso de material para simplificar y poder llegar a cualquier nivel de recursos y que puedan ser llevadas a cabo en cualquier realidad, sin necesidad de unos materiales que dificulten su realización.

Existen distintos tipos de tareas para la mejora del dominio colectivo de cualquier medio que queramos que nuestro equipo maneje durante el desarrollo de los partidos. Atendiendo a la metodología empleada, la duración, los espacios, el número de jugadores... pueden variar para satisfacer nuestro modelo de juego.

A continuación, desarrollaré distintas tareas desde las más simples a las de mayor complejidad para poder trabajar el concepto de la presión tras pérdida y que puedan formar parte de distintos modelos de juego ya que, atendiendo a las pretensiones de cada entrenador y a la metodología a emplear, cada uno debe introducirlas donde considere oportuno. Estas tareas carecen de un contexto y de una estrategia operativa, para los cuales necesitarán adaptación por parte del entrenador a todas las variables que crea que pueden tener incidencia en el desarrollo del juego de su equipo y a las características del mismo.

Todas las tareas propuestas carecerán de un contexto propio, del rival, la competición y la situación para el desarrollo de la estrategia operativa y el modelo de juego.

Castellano y Casamichana (2016) proponen este cuadro para la clasificación de las tareas según los metros cuadrados por jugador y a las demandas a las que serán exigidas los jugadores:

m^2/ jugador	1<2	3<4	5<7	8<10
<50	Fuerza		Recuperación	
<100				
<200	Frecuencia cardíaca		Velocidad	
>200				

En este libro se indicarán el número de jugadores y la división y distribución de los espacios. No obstante, para que la tarea se adapte a cada equipo, estado físico de los jugadores, modelo de juego y metodología, cada entrenador la deberá adaptar en cuanto a metros las distancias, los espacios e incluso en número de jugadores en algunos casos para tener un mejor desarrollo con su equipo.

Las tareas no tendrán límites de toques, contactos o golpeos para conseguir nuestro objetivo, ya que habrá jugadores que necesiten o decidan utilizar un número mayor por necesidades del juego, por condiciones técnicas o por condicionantes físicos de desarrollo. No obstante, al ser tareas abiertas, el entrenador podrá condicionarlas si lo cree necesario u oportuno para conseguir los beneficios pretendidos conociendo la realidad a la que las va a exponer.

CONCEPTO DE **AMPLITUD** EN FÚTBOL

Una buena ocupación de los espacios, cuando estamos en posesión del balón, nos ayudará y será un recurso para crear o encontrar espacios libres y aprovecharlos en nuestra fase con balón.

Tener una buena ocupación de los espacios no quiere decir que lo hagamos de manera equitativa para tener todos los espacios posibles cubiertos. Una buena ocupación de los espacios requiere un plan preestablecido para optar por lo que se considere importante en cada momento del juego porque, por ejemplo, hay momentos en los que se necesita una acumulación mayor de jugadores para desequilibrar al adversario o, simplemente, promover en él una ocupación que nos interese para el juego colectivo.

Durante el proceso evolutivo de los jóvenes futbolistas, el desarrollo cognitivo se verá estrechamente relacionado con la interpretación de los espacios para que se produzca el aprendizaje.

Podríamos definir la amplitud con balón, como la ocupación de los sectores exteriores del terreno de juego para alcanzar los objetivos planteados: percutir líneas rivales, progresar en el juego, llevar el balón de un espacio a otro, mantener la posesión del balón... Cuanto más cercanos estén los jugadores a la línea de banda, mayor será la amplitud de la que disfrute su equipo para evolucionar en el juego.

La interpretación de los espacios para su aprovechamiento puede ser clave para el desarrollo de los partidos y para la consecución de un resultado favorable.

Los principales condicionantes externos de la ocupación del espacio serán el rival y el balón y se necesitará correr riesgos mayores según el tiempo que quede de partido y el resultado del mismo.

Cada equipo interpreta los espacios atendiendo a la visión que muestre del juego el entrenador y la capacidad de los jugadores. La ocupación de los espacios estará encorsetada por el esquema del que parte el equipo en el comienzo del juego, pero el jugador o el entrenador podrán modificarlo a partir de una interpretación personal, motivada por la evolución que ofrece el partido y las circunstancias que lo rodean, para conseguir un desarrollo favorable.

Los espacios y el tiempo son variantes que manejamos los entrenadores para condicionar las tareas de entrenamiento ya que darán un valor añadido a las mismas. Por tanto, estamos condicionando constantemente los espacios en nuestros entrenamientos para conseguir el resultado adecuado en el proceso de aprendizaje-enseñanza (en ese orden porque, si no se produce un aprendizaje, no habrá habido enseñanza alguna). Jugar con una amplitud de espacios mayor favorecerá el juego del equipo poseedor del balón en la situación en que se encuentre, no solo para reaccionar ante estímulos, sino para facilitar la ejecución de la respuesta.

Cuando un equipo tiene el balón es aconsejable que el juego se desarrolle sobre superficies mayores porque:

- Genera incertidumbre al rival teniendo una mayor superficie que controlar.
- Obliga a una mayor visión periférica.
- Somete a una tensión defensiva mayor.
- Permite espacios mayores sobre los que tener influencia.
- Da lugar a mayores espacios para desarrollar las acciones.
- Provoca más cambios de perfiles en los defensores.
- Genera pasillos interiores en el rival.
- Hace que el rival bascule en cualquier movimiento del balón.
- Posibilita espacio entre líneas.
- Divide a jugadores rivales más alejados.
- Genera mayor incertidumbre en las marcas.
- Fija rivales alejados para que no participen en defensa.
- Tiene como consecuencia superioridades numéricas.
- Favorece el juego interior.
- Obtiene ventajas en tiempo y espacio con el balón.

Jugar con amplitud en el juego genera que haya jugadores alejados en horizontal del lugar donde se encuentre el balón.

Cada equipo, en esta interpretación de la amplitud atendiendo a los intereses y el juego del mismo, puede presentarla de diversas opciones: con los laterales, con los extremos, con los delanteros… pero lo que sí tiene que ser coincidente es que se realizará en ambas bandas para que sea efectiva y tenga sentido. Realizar un juego con amplitud en una sola banda hará carecer de sentido táctico el concepto.

Tener una buena amplitud para poder desarrollar un contraataque será beneficioso para poder adquirir la profundidad necesaria en la jugada e intentar que el equipo contrario no logre organizarse defensivamente y pueda aprovechar los espacios.

La amplitud es importante desarrollarla cuanto antes en la fase en la que el equipo tiene el balón. Algo que identifica a los equipos que ya han pasado a su fase con balón de ataque organizado es que han conseguido colocarse en amplitud, aprovechando todo el ancho o la amplitud que sea necesaria para el desarrollo de su juego.

El mayor inconveniente de la amplitud reside en que, cuando nuestro equipo está posicionado en amplitud, existen espacios y pasillos interiores que pueden ser aprovechados por el rival en caso de pérdida. Para ello es importante tener en cuenta este aspecto y tener jugadores cercanos al balón para "viajar juntos", tener mayores opciones para no perder el balón y la posibilidad de recuperar lo más rápido posible o retrasar el ataque del contrario no dejándolo evolucionar.

El juego de posición se abastece de la amplitud para poder generar las superioridades necesarias y obtener ventajas del contrario.

Hay entrenadores que, para manejar este concepto con soltura dentro de sus equipos, solo lo aplican a situaciones en campo contrario, o no lo llevan a cabo junto con la profundidad e irán desarrollando esa amplitud conforme el equipo avance posiciones en el campo con el fin de no verse sorprendidos en caso de pérdida.

También es un concepto sobre el que se apoya la posesión defensiva para inutilizar al rival en la necesidad de atacar, poder defender un resultado y que el adversario no pueda recuperar el balón para intentar hacer gol.

El intercambio de posiciones en amplitud será un elemento que alterará el orden defensivo y ayudará a que los espacios sean mejor aprovechados por los jugadores durante el desarrollo del juego.

Los estímulos e indicadores para poner en marcha el concepto de la amplitud con balón serán estímulos e indicadores propios del juego para identificarlos en cada momento. Realizar un pase, conducir o cambiar de zona después de un estímulo auditivo (voz del entrenador, silbato...) o cualquier otro que no tenga que ver con lo que pueda pasar en un partido (mostrar un color, aviso del entrenador o de un compañero...) nos ayudarán a realizar las tareas, pero no a utilizar con la destreza específica el medio o principio de la amplitud con balón y a desarrollar el aprendizaje en el jugador; con lo cual, los estímulos, indicadores o recursos utilizados tendrán transferencia al juego y podrán ser adaptados por el entrenador atendiendo a la realidad a la que los vaya a exponer.

SIMBOLOGÍA

Jugadores/as Equipo A	
Jugadores/as Equipo B	
Jugadores/as Equipo C	
Desplazamiento sin balón	
Control orientado	
Desplazamiento del balón	
Conducción del balón	
Desplazamiento del balón por alto	
Tiro a puerta	
Balón	

LA AMPLITUD
EN FÚTBOL

50

TAREAS PARA SU ENTRENAMIENTO

Tarea N° 1	Objetivo Principal	Mejora de la amplitud
	Jugadores	10 (4x4+2C)

Explicación

Los jugadores distribuidos como en la imagen. El equipo blanco tiene el balón con los comodines para mantener la posesión de balón. El equipo negro cuando roba tiene que jugar rápido con algún comodín para colocarse en amplitud en la zona de los ángulos y el equipo blanco presionará para recuperar y volver a su rol en amplitud.

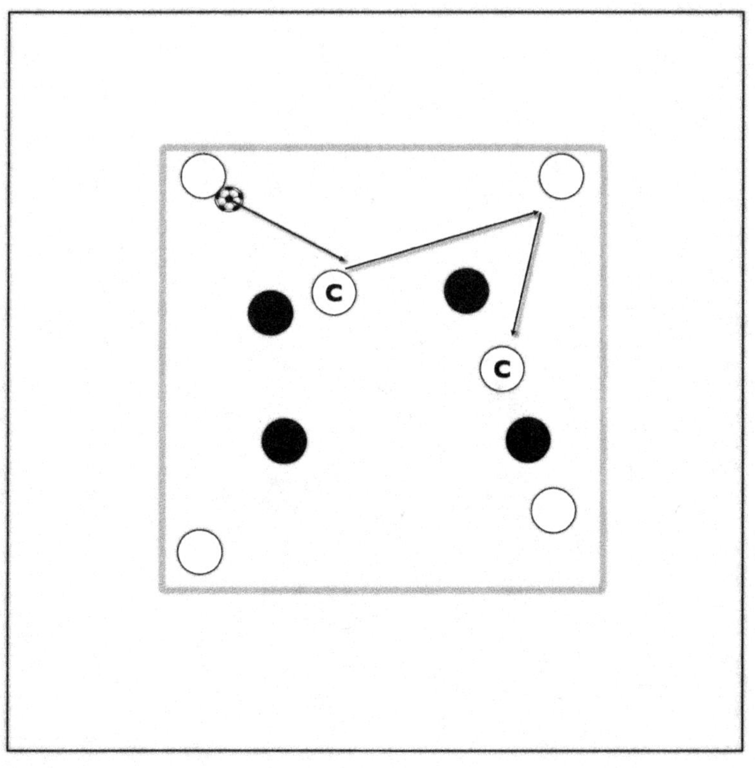

Tarea N° 2	Objetivo Principal	Mejora de la amplitud
	Jugadores	8 (3x3+2C)

Explicación

Los jugadores distribuidos como en la imagen. El equipo poseedor con los comodines en amplitud intentará mantener el balón. El otro equipo marcando al hombre, tendrá que seguir a su marca cada jugador, no pudiendo coincidir en una zona con otra pareja. Si el equipo sin balón recupera cambian los roles y mantiene el balón aprovechando la amplitud de los comodines.

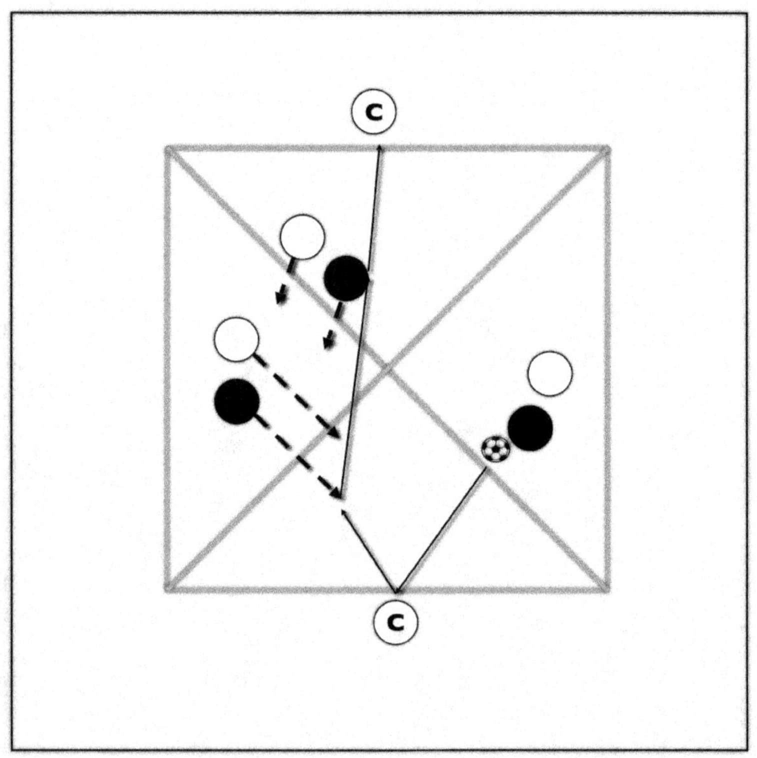

Tarea N° 3	Objetivo Principal	Mejora de la amplitud
	Jugadores	10 (4x4+2C)

Explicación

Los jugadores distribuidos como en la imagen. El equipo poseedor colocado sobre las líneas divisorias y con los comodines en amplitud intentará mantener el balón. El otro equipo (blanco) tendrá interceptar el balón desde su zona. Si recupera jugará en amplitud con los comodines y cambiaré el rol y las posiciones con el otro equipo (negro).

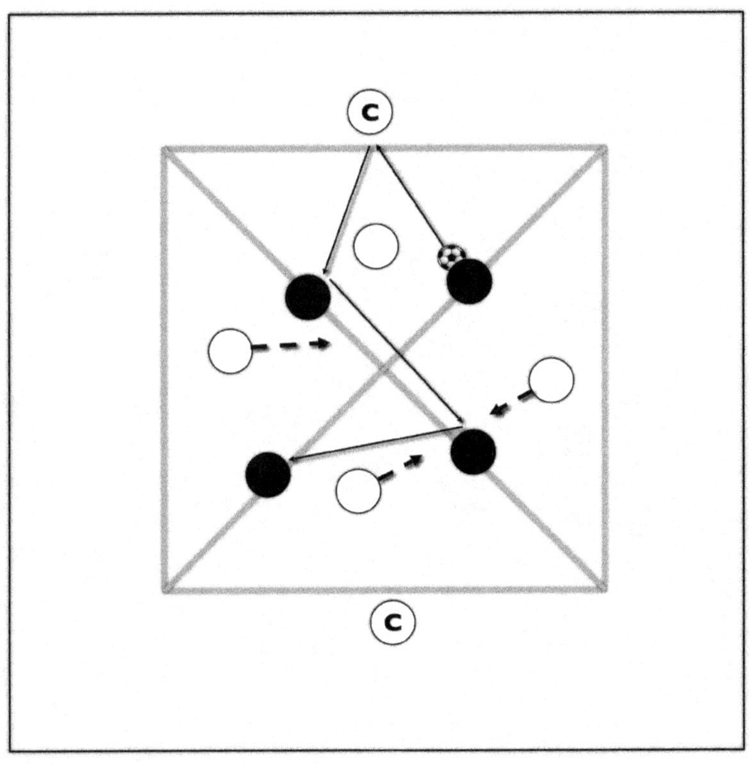

Tarea N° 4	Objetivo Principal	Mejora de la amplitud
	Jugadores	9 (1+C+3x3+1)

Explicación

En un cuadrado dividido en dos triángulos (como en la imagen). El equipo poseedor atraerá al contrario a uno de los triángulos, cuando lo haga jugará con el jugador que dejó en el otro triángulo en amplitud y que será presionado por el jugador del equipo contrario que estaba fuera. Cuando cambien de triángulo el equipo poseedor dejará a un jugador en el otro triángulo para recibir en amplitud y el que no tiene balón a un jugador fuera para presionarlo cuando reciba. Si el rival recupera el balón cambian los roles.

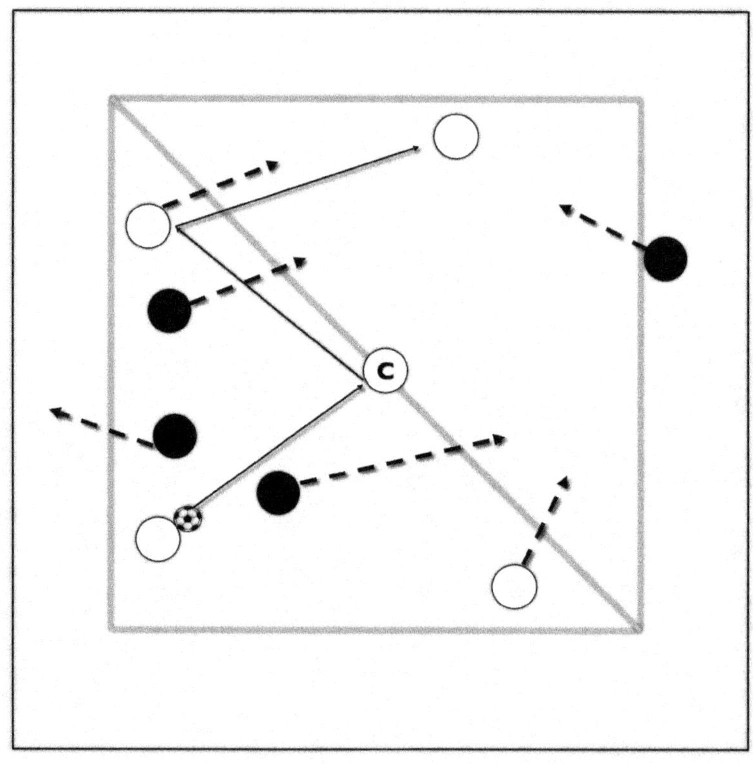

Tarea Nº 5	Objetivo Principal	Mejora de la amplitud
	Jugadores	12 (4x4+4C)

Explicación

El equipo poseedor del balón mantendrá la posesión de balón llevándolo de una zona a otra apoyado por los comodines. Cuando el equipo que tiene el balón se sienta presionado por los jugadores rivales en una zona pasará a uno de los comodines repartidos por las zonas en amplitud para tener en otra zona el balón y que el rival no pueda recuperar. Si el rival recupera cambiarán los roles.

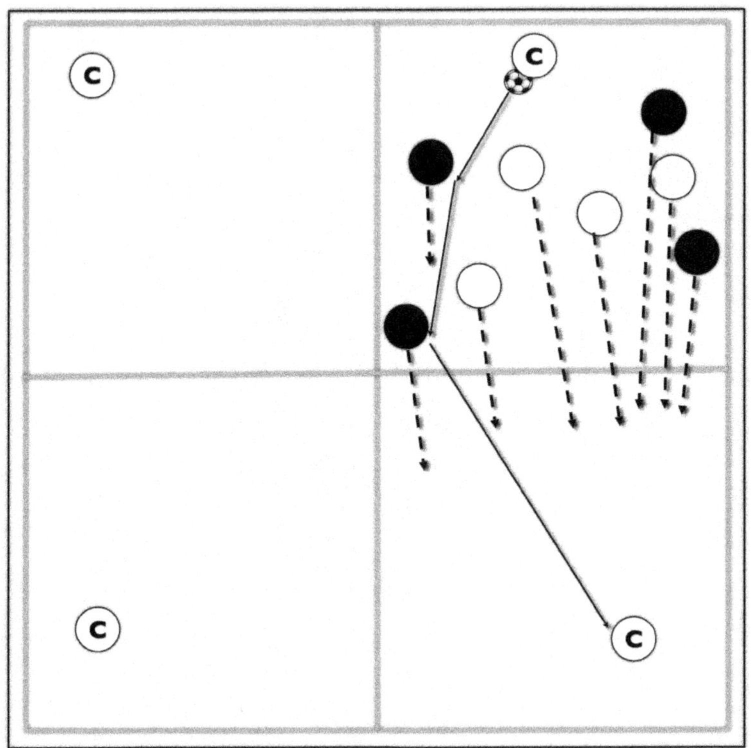

Tarea N° 6	Objetivo Principal	Mejora de la amplitud
	Jugadores	11 (4x4+3C)

Explicación

Los jugadores distribuidos como en la imagen. El equipo blanco tiene el balón con los comodines para mantener la posesión de balón. El equipo negro cuando recupera tiene que jugar rápido con algún comodín para colocarse en los lados del cuadrado para mantener la posesión de balón en amplitud y el equipo blanco presionará para recuperar y volver a su rol.

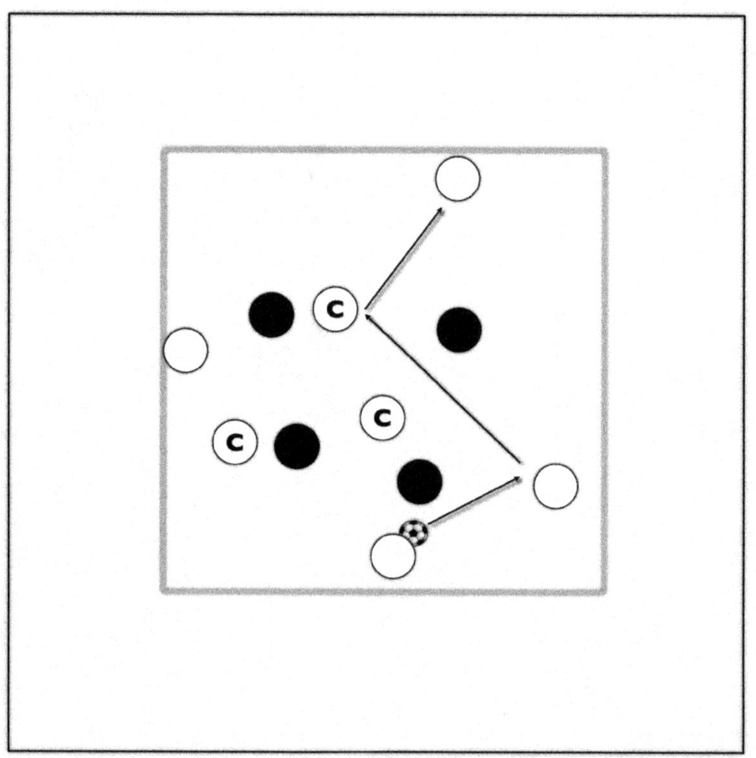

Tarea N° 7	Objetivo Principal	Mejora de la amplitud
	Jugadores	10 (4x4+2C)

Explicación

Los jugadores distribuidos como en la imagen. El equipo blanco tiene el balón con los comodines para mantener la posesión de balón. El equipo negro cuando roba tiene que mantener la posesión de balón en amplitud, los comodines cambiarán los lados en los que están colocados para mantener la posesión en amplitud y el equipo blanco presionará para recuperar y volver a su rol.

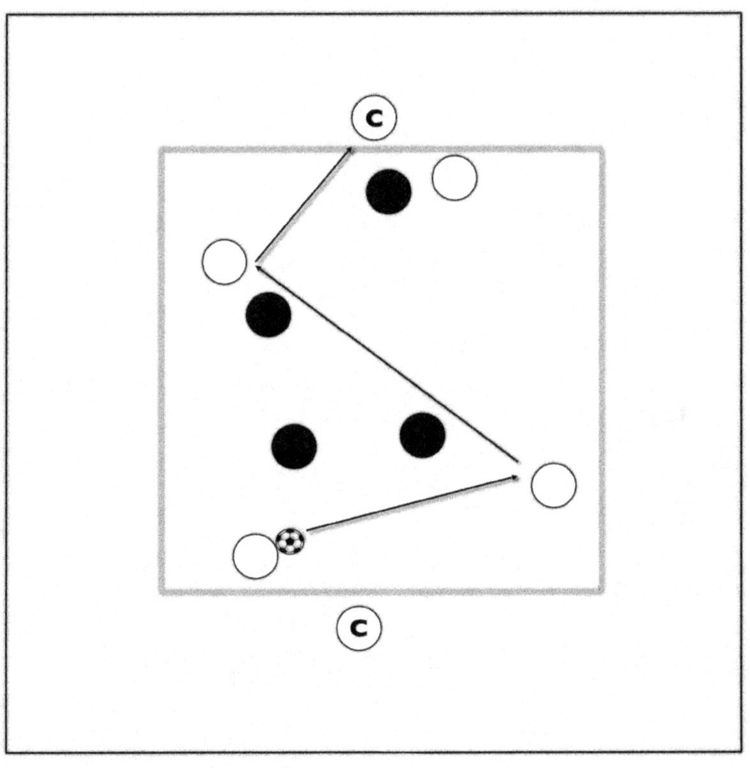

Tarea N° 8	Objetivo Principal	Mejora de la amplitud
	Jugadores	9 (4x4+C)

Explicación

Los equipos situados como en la imagen. El equipo que está por fuera intentará mantener la posesión de balón con el comodín. Si el equipo blanco roba, cambiará el rol con el equipo negro , se distribuirá en amplitud y podrá jugar con el comodín. El equipo negro que perdió tendrá que recuperar para volver a colocarse en amplitud.

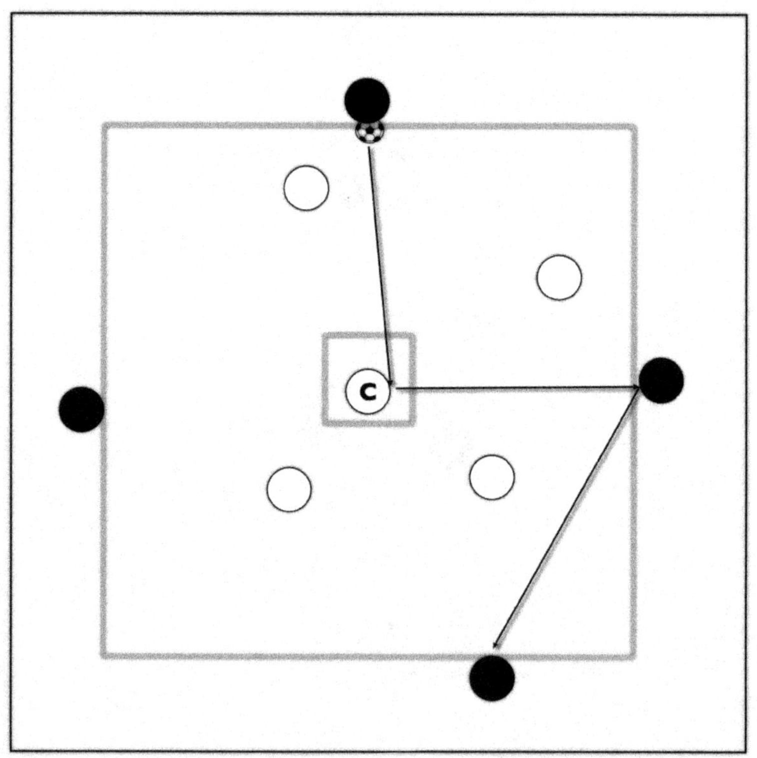

Tarea N° 9	Objetivo Principal	Mejora de la amplitud
	Jugadores	12 (4x4+4)

Explicación

Los equipos situados como en la imagen. El equipo que está por fuera intentará mantener la posesión de balón con otro equipo. El equipo que recupera se coloca siempre por fuera, mantiene el balón con el otro equipo y el equipo que perdió tendrá que recuperar para volver a colocarse en amplitud.

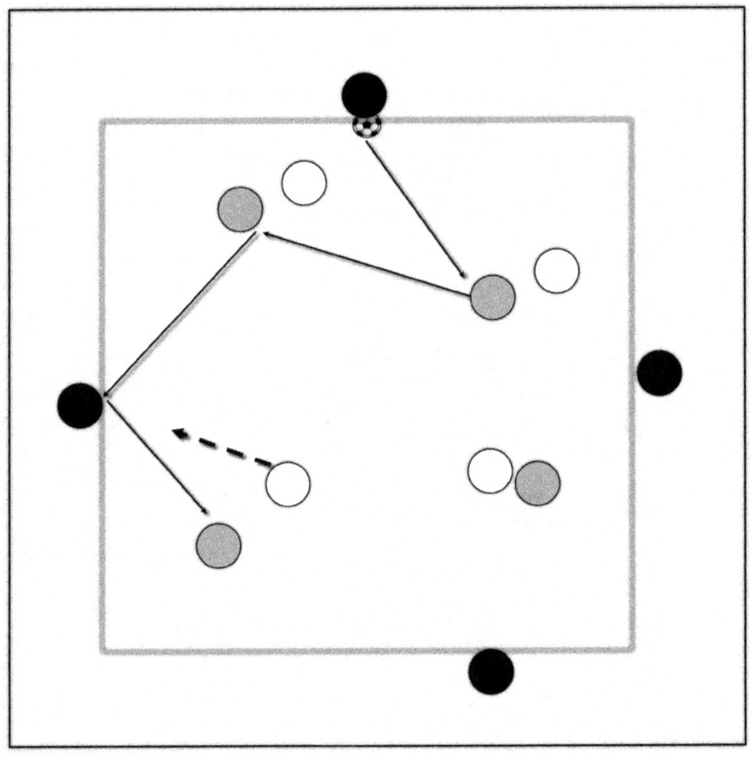

Tarea N° 10	Objetivo Principal	Mejora de la amplitud
	Jugadores	10 (1+4x4+1)

Explicación

En un cuadrado dividido en dos partes un equipo tiene que mantener el balón con dos jugadores siempre en amplitud. El otro equipo intentará recuperar dejando siempre un jugador en la línea divisoria. El equipo poseedor cuando tiene al rival dentro de una mitad para presionarle puede cambiar el balón a la otra mitad. Si un equipo pierde el balón los equipos cambiarán los roles.

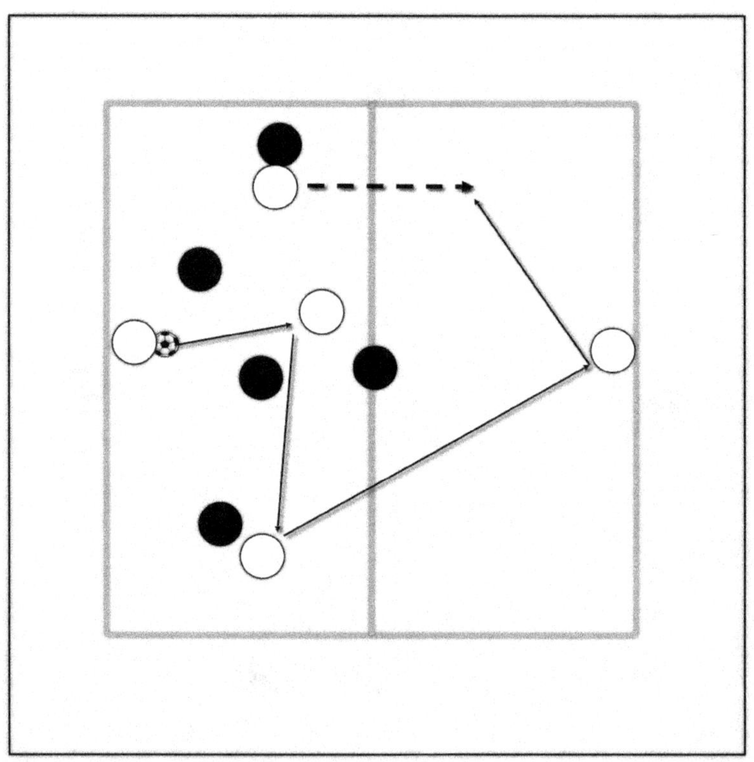

Tarea Nº 11	Objetivo Principal	Mejora de la amplitud
	Jugadores	14 (2+5x5+2)

Explicación

En un cuadrado cada equipo intentará mantener la posesión de balón apoyado por sus comodines en amplitud. El equipo que no tiene balón intentará recuperar y los comodines solo podrán entrar para interceptar los pases y mantendrán la amplitud para cuando recuperen. Si un equipo recupera el balón los equipos cambiarán los roles.

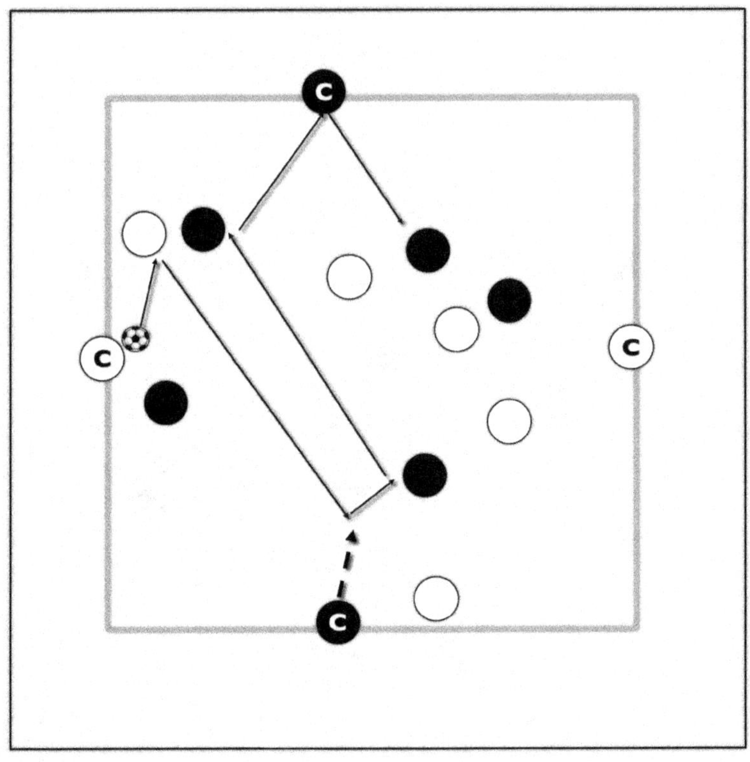

Tarea Nº 12	Objetivo Principal	Mejora de la amplitud
	Jugadores	14 (6x6+2)

Explicación

En un rectángulo los comodines situados sobre las líneas más pequeñas. Los equipos intentarán mantener la posesión de balón con la amplitud que le dan los comodines. Cuando un equipo recupera el balón cambian los roles y juega en amplitud con los comodines.

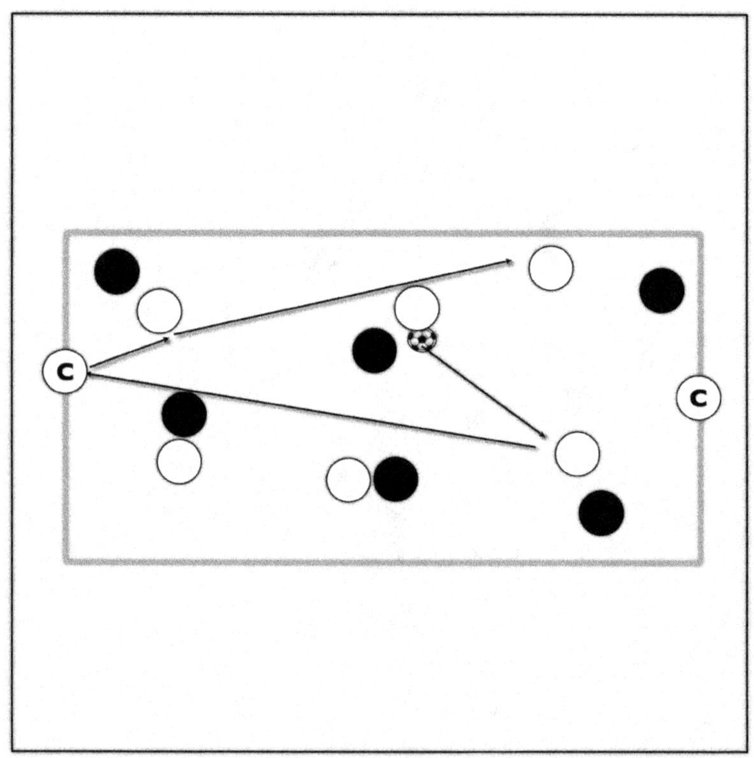

Tarea Nº 13	Objetivo Principal	Mejora de la amplitud
	Jugadores	16 (6x6+4C)

Explicación

En un rectángulo los comodines situados sobre las líneas del rectángulo. Los equipos intentarán mantener la posesión de balón con la amplitud que le dan los comodines. Cuando un equipo recupera el balón cambian los roles y juega en amplitud con los comodines.

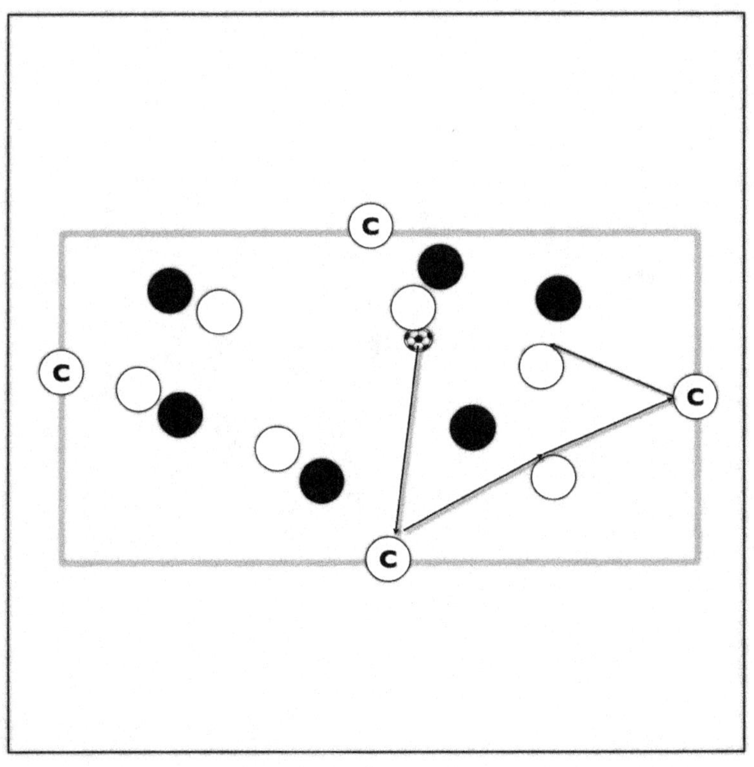

Tarea N° 14	Objetivo Principal	Mejora de la amplitud
	Jugadores	14 (6x6+2C)
Explicación		

En un rectángulo los comodines situados sobre las líneas más largas. Los equipos intentarán mantener la posesión de balón con la amplitud que le dan los comodines. Cuando un equipo recupera el balón cambian los roles y juega en amplitud.

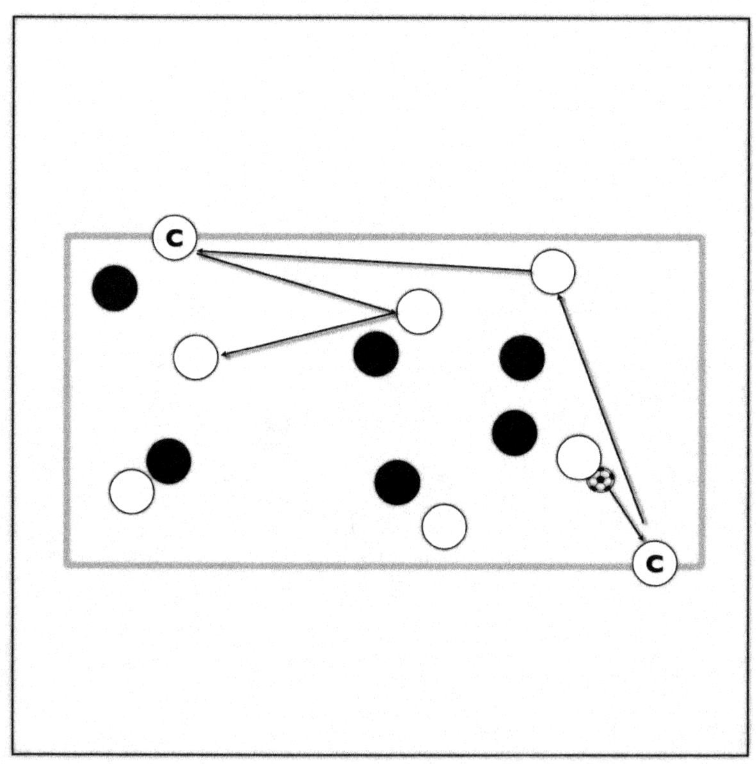

Tarea N° 15	Objetivo Principal	Mejora de la amplitud
	Jugadores	14 (6x6+2C)

Explicación

En un rectángulo los comodines por fuera en amplitud. Los equipos intentarán mantener la posesión de balón con la amplitud que le dan los comodines intercambiando la posición con el jugador que les pase el balón para seguir manteniendo la amplitud y la posesión. Cuando un equipo recupera el balón cambian los roles y juega en amplitud con los comodines que volverán a su posición para iniciar la posesión en amplitud.

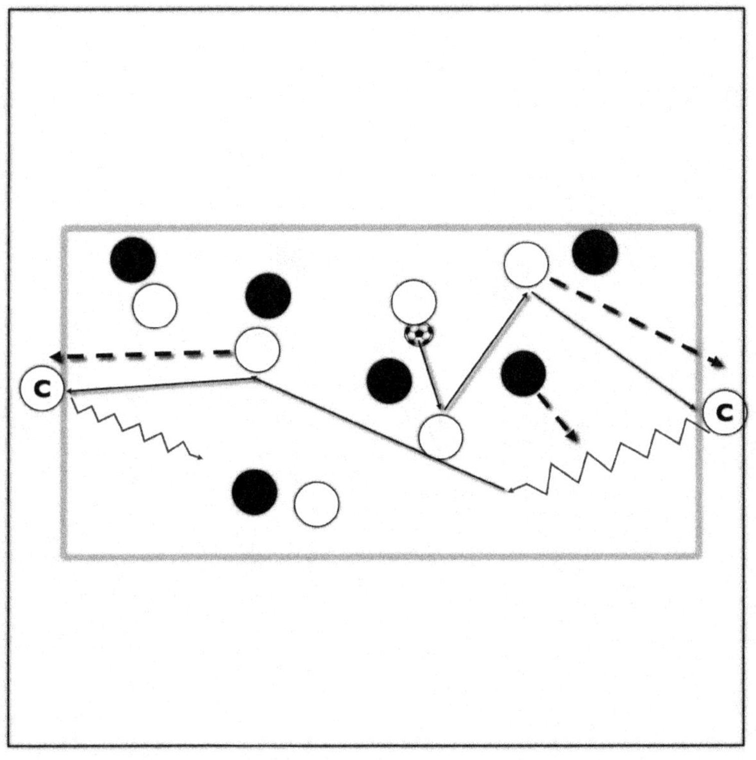

Tarea N° 16	Objetivo Principal	Mejora de la amplitud
	Jugadores	14 (6x6+2C)

Explicación

En un rectángulo el equipo poseedor mantendrá siempre a dos jugadores en amplitud. Los equipos intentarán mantener la posesión de balón con la amplitud que le dan los jugadores exteriores intercambiando la posición con el jugador que les pase el balón para seguir manteniendo la amplitud y la posesión. Cuando un equipo recupera el balón cambian los roles y salen en amplitud los jugadores mas cercanos para mantener la posesión.

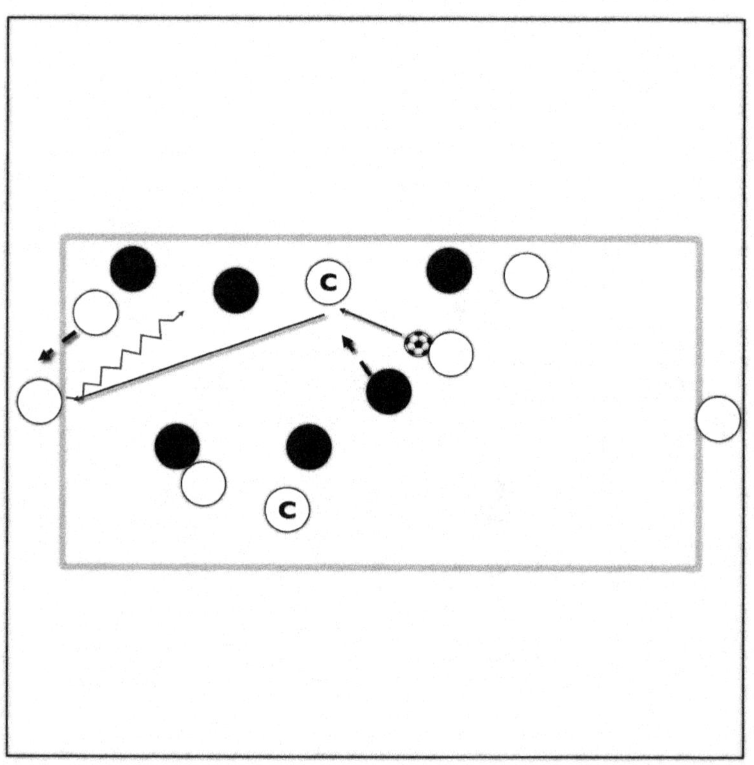

Tarea N° 17	Objetivo Principal	Mejora de la amplitud
	Jugadores	12 (4x4+4C)

Explicación

En un rectángulo con los comodines situados en los cuadrados de las esquinas el equipo poseedor del balón mantendrá el balón apoyándose en los comodines en amplitud. Los comodines no podrán pasar entre ellos ni salir de sus zonas. Si un equipo recupera el balón podrá mantenerlo con los comodines.

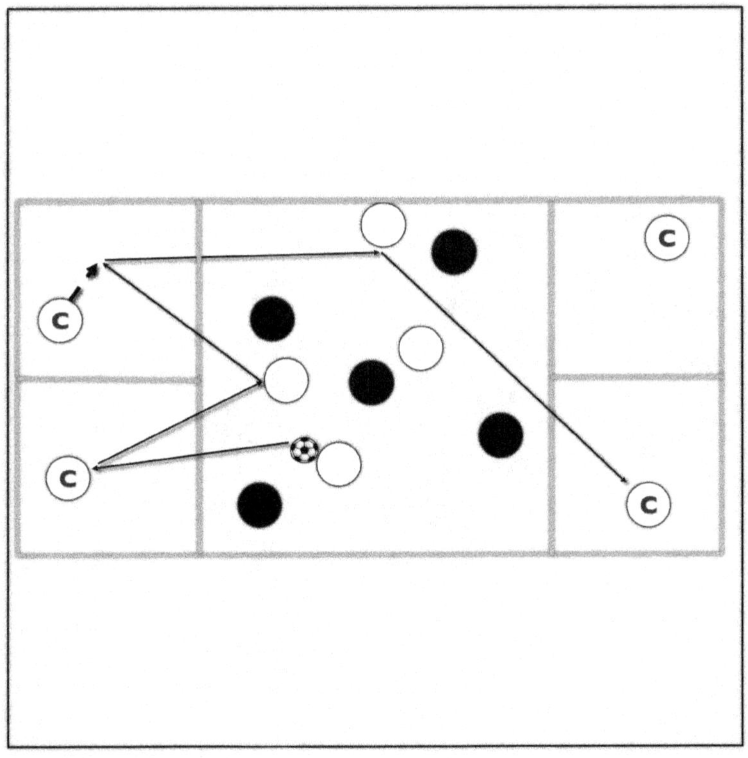

Tarea Nº 18	Objetivo Principal	Mejora de la amplitud
	Jugadores	18

Explicación

En un rectángulo dividido en 8 partes iguales distribuidos los jugadores como en la imagen (uno de cada equipo en cada cuadrado) y los comodines sobre las líneas laterales. Cada equipo tendrá que mantener la posesión de balón apoyándose en los comodines. En el equipo que quiere recuperar podrán abandonar su zona los jugadores y el equipo poseedor llevará a las zonas donde menos influencia tenga el rival aprovechando la amplitud de los comodines para seguir manteniendo el balón.

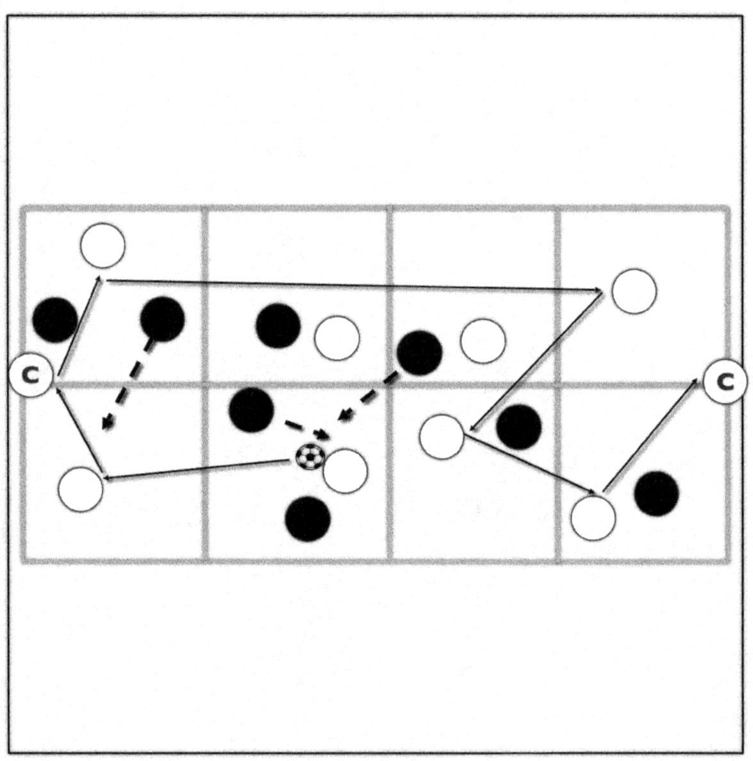

Tarea N° 19	Objetivo Principal	Mejora de la amplitud
	Jugadores	8 (4x3+P)

Explicación

Los jugadores distribuidos como en la imagen. Los 2 jugadores del centro se pasan el balón hasta que salen a presionar los jugadores rivales y atacan aprovechando la amplitud de los compañeros que se incorporan al ataque.

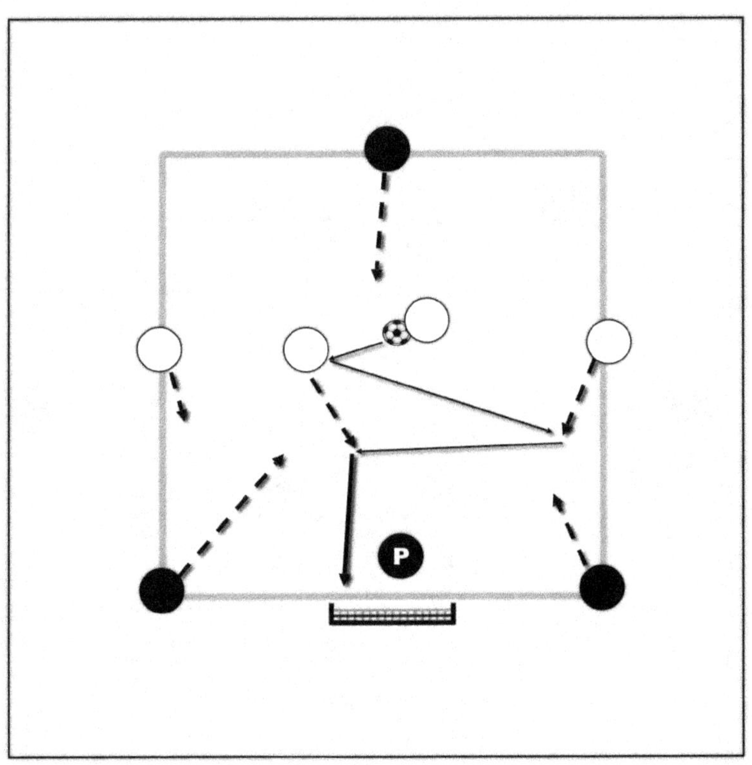

Tarea N° 20	Objetivo Principal	Mejora de la amplitud
	Jugadores	11

Explicación

Los jugadores se distribuyen como en la imagen. El equipo blanco intentará con una línea de 4 que el balón no llegue a los delanteros, que intentarán recibir por detrás de ella para finalizar. Cuando lo hagan serán presionados en el tiro. Los jugadores del equipo negro se distribuirán en amplitud para provocar los espacios.

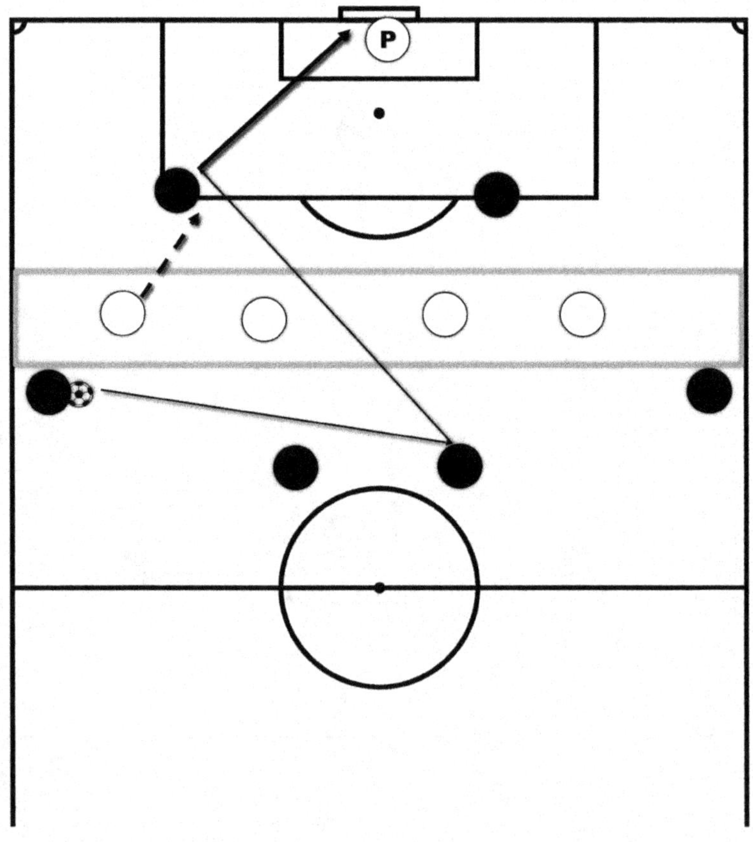

EDITORIAL WANCEULEN

Tarea N° 21	Objetivo Principal	Mejora de la amplitud
	Jugadores	11 (2C+3x4+P)
Explicación		

Los jugadores se distribuyen como en la imagen. El equipo negro intentará atravesar conduciendo la línea defensiva del equipo blanco, apoyado por los dos comodines en amplitud que también lo podrán hacer. Una vez que superen la línea intentarán hacer gol presionados por los jugadores sobrepasados de la línea.

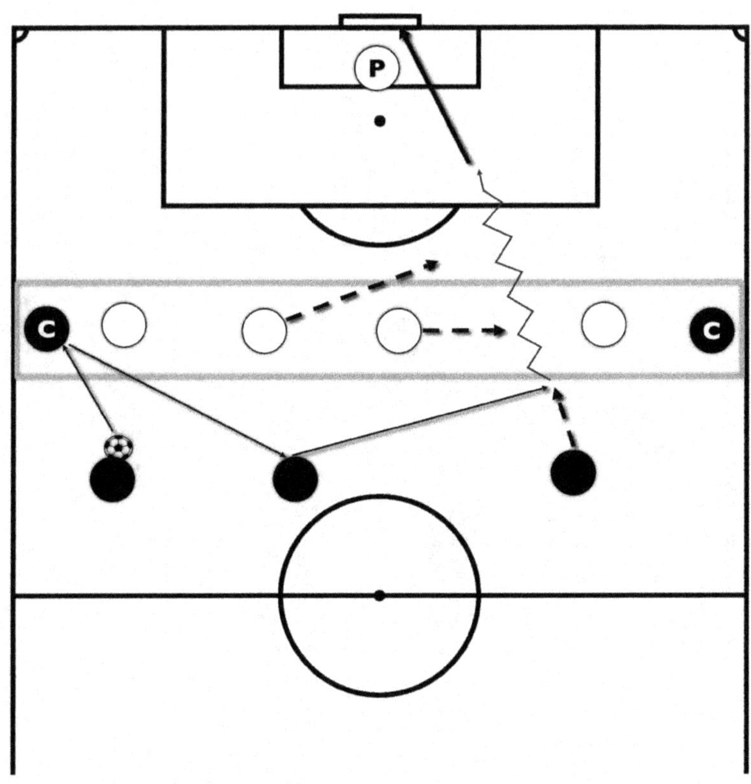

Tarea N° 22	Objetivo Principal	Mejora de la amplitud
	Jugadores	13 (6x6+P)

Explicación

Los jugadores se distribuyen como en la imagen. El equipo negro intentará desbordar la línea defensiva con dos jugadores por delante del equipo blanco, con amplitud y un jugador entre la línea. Una vez que superen la línea intentarán hacer gol presionados por los jugadores sobrepasados de la línea.

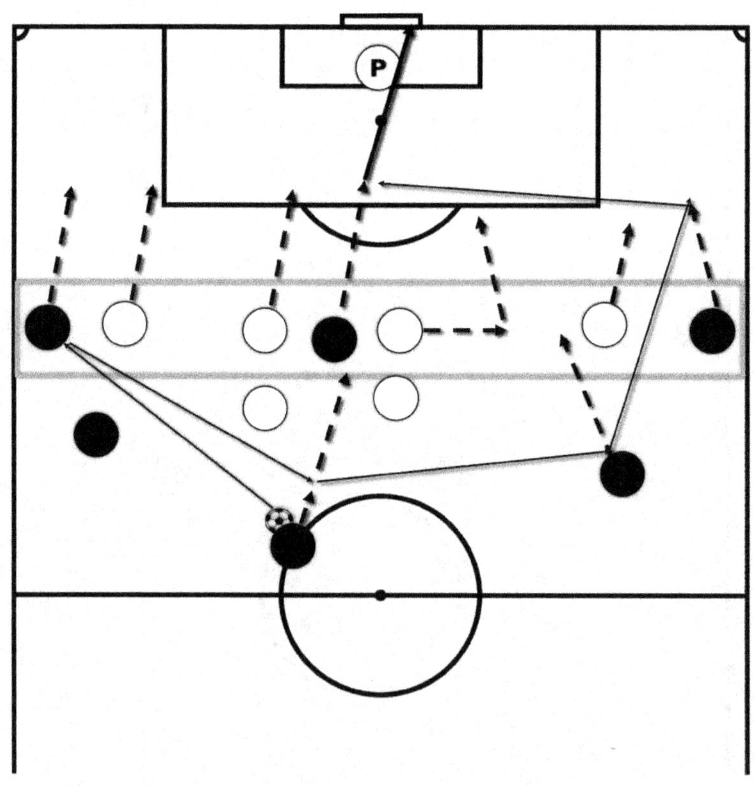

Tarea N° 23	Objetivo Principal	Mejora de la amplitud
	Jugadores	14 (7x6+P)

Explicación

Los jugadores se distribuyen como en la imagen. El equipo negro intentará desbordar la línea defensiva de seis jugadores con amplitud y circulando el balón. Una vez que superen la línea intentarán hacer gol presionados por los jugadores sobrepasados de la línea.

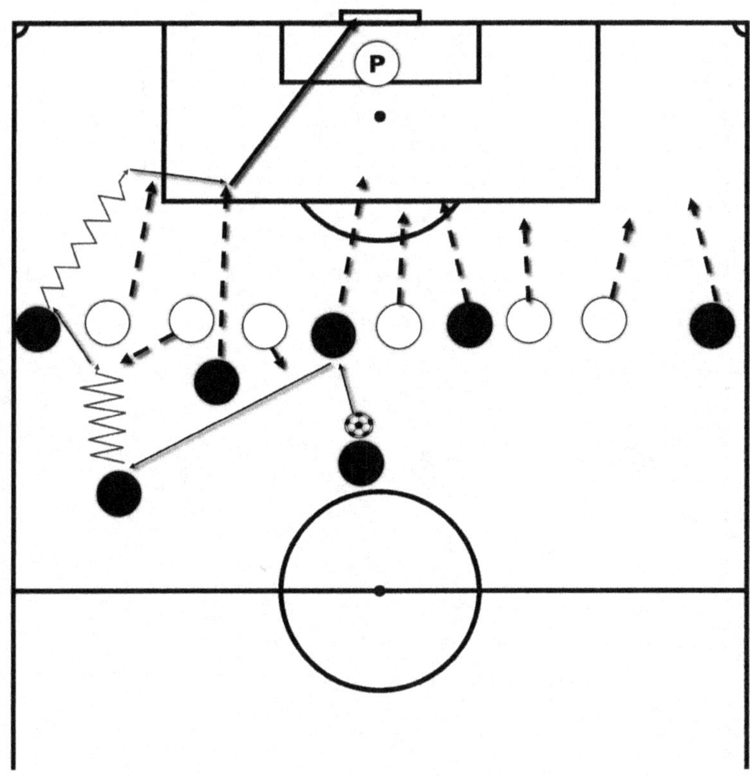

Tarea N° 24	Objetivo Principal	Mejora de la amplitud
	Jugadores	10 (2C+3x4+P)

Explicación

Los jugadores se distribuyen como en la imagen. El equipo blanco intentará con una línea de 4 que el balón no llegue a los comodines en amplitud, que intentarán recibir por detrás de ella para finalizar el ataque. Cuando el balón supere la línea todos los jugadores participarán en el ataque.

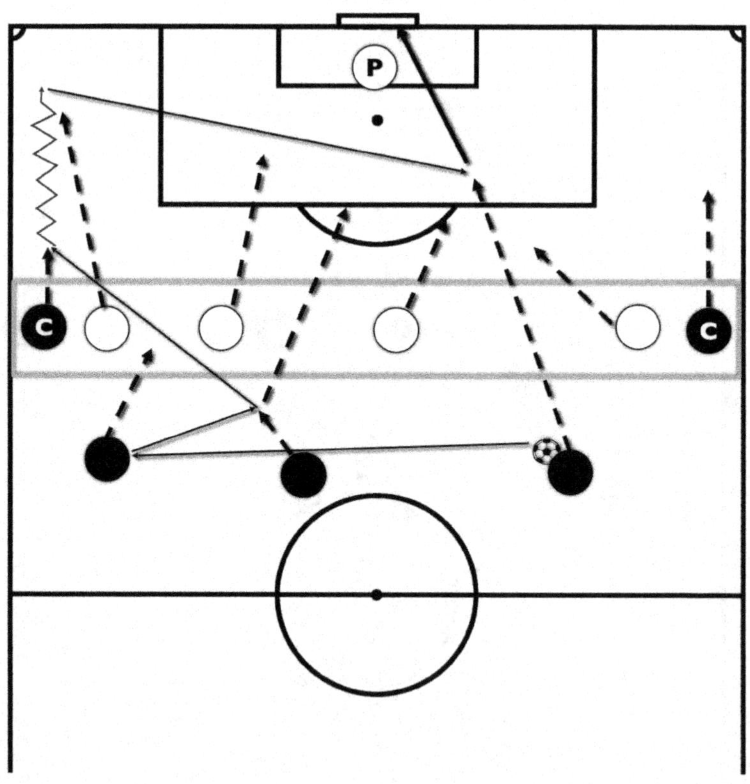

Tarea N° 25	Objetivo Principal	Mejora de la amplitud
	Jugadores	10 (1+4x4+P)

Explicación

Los jugadores se distribuyen como en la imagen. El equipo blanco intentará con una línea de 4 que el balón no llegue a los delanteros, que intentarán recibir por detrás de ella. El equipo negro se colocará siempre en amplitud y cada vez que reciba el jugador adelantado devolverá el balón para ir avanzando y progresando en las zonas a la portería, menos en la última que finalizará en la portería.

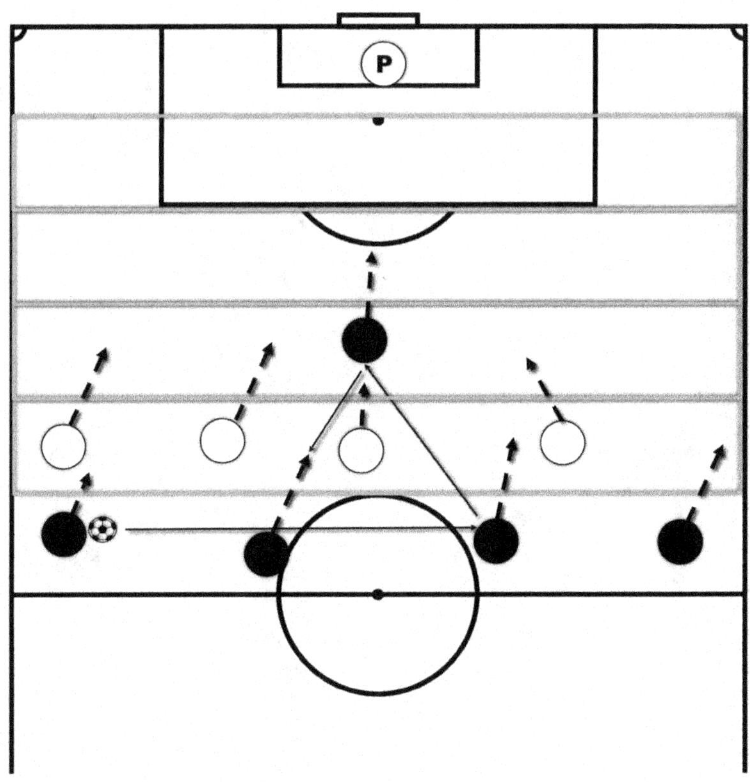

Tarea Nº 26	Objetivo Principal	Mejora de la amplitud
	Jugadores	13 (3x3+2x4+P)

Explicación

Los jugadores se distribuyen como en la imagen. Juegan 3 jugadores (equipo negro) en un cuadrado provocando que entren a presionar los jugadores del otro equipo (blanco). Cuando entran a presionar, los jugadores del equipo negro pasan al jugador que está en amplitud, salen para atacar y todo el equipo negro atacará la portería que defienden cuatro jugadores del equipo blanco y el portero.

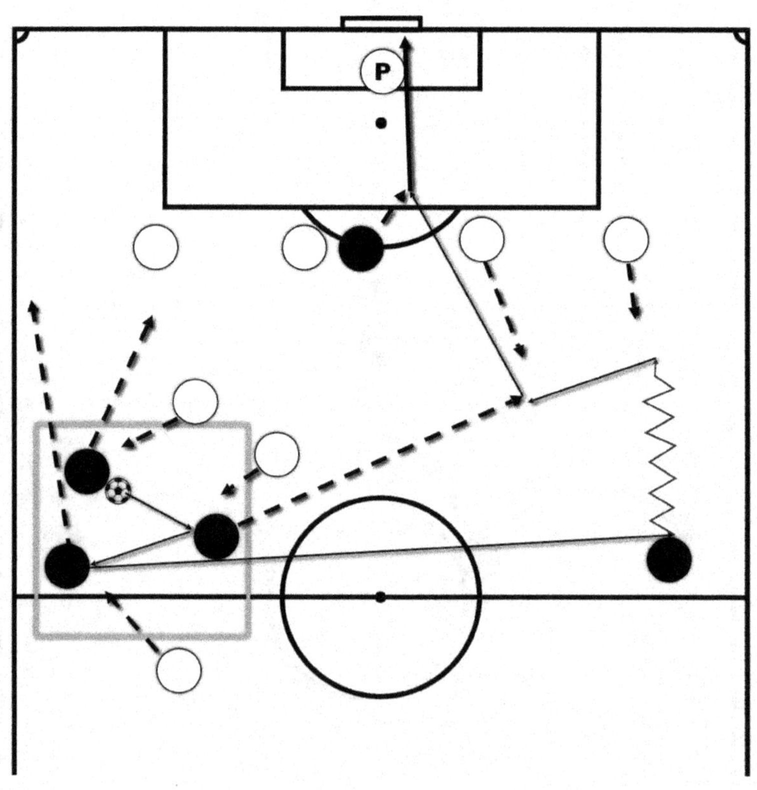

Tarea N° 27	Objetivo Principal	Mejora de la amplitud
	Jugadores	15 (2C+3x3+3+3+P)

Explicación

Con el campo distribuido como en la imagen y los jugadores del equipo negro sobre las líneas. El equipo blanco irá atravesando líneas de una en una aprovechando la amplitud de los comodines. Los jugadores sobre las líneas solo podrán interceptar los pases para que no avance el otro equipo. Cada vez que pasen una línea saldrán los rivales sobrepasados, menos en la última que podrán presionar para que no finalicen.

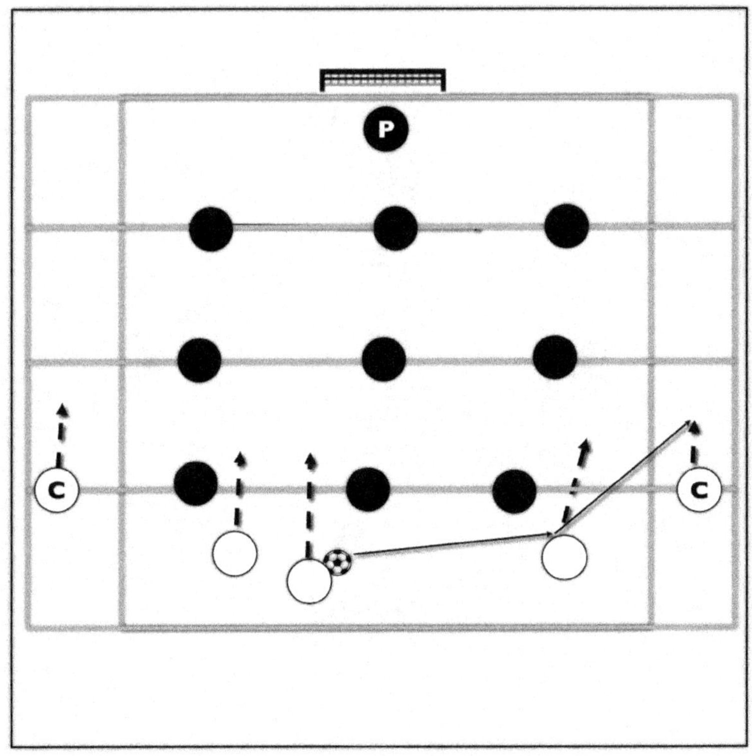

Tarea N° 28	Objetivo Principal	Mejora de la amplitud
	Jugadores	8

Explicación

Los jugadores distribuidos como en la imagen. Los dos jugadores del centro tienen el balón para atraer a los dos jugadores rivales que irán a presionarles. Cuando vayan a la presión podrán jugar con uno de los compañeros que están en amplitud en las esquinas para atacar una de las porterías.

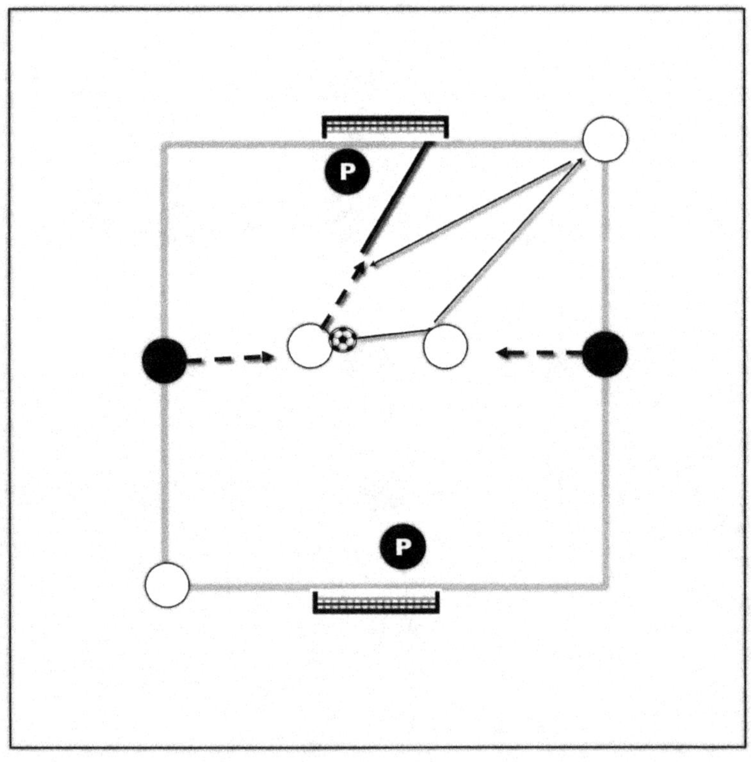

Tarea N° 29	Objetivo Principal	Mejora de la amplitud
	Jugadores	10 (1+P+3x4+P)

Explicación

En un cuadrado dividido en dos partes con dos porterías y porteros, dejando el equipo con balón solo un jugador en una mitad. Los equipos intentarán atraer a los rivales (que presionarán al balón) a una mitad de campo, pasarán al compañero libre que está en amplitud y atacarán rápido hacia la portería cuando todos los rivales hayan pasado la mitad. Si un equipo recupera cambia el rol con el otro equipo.

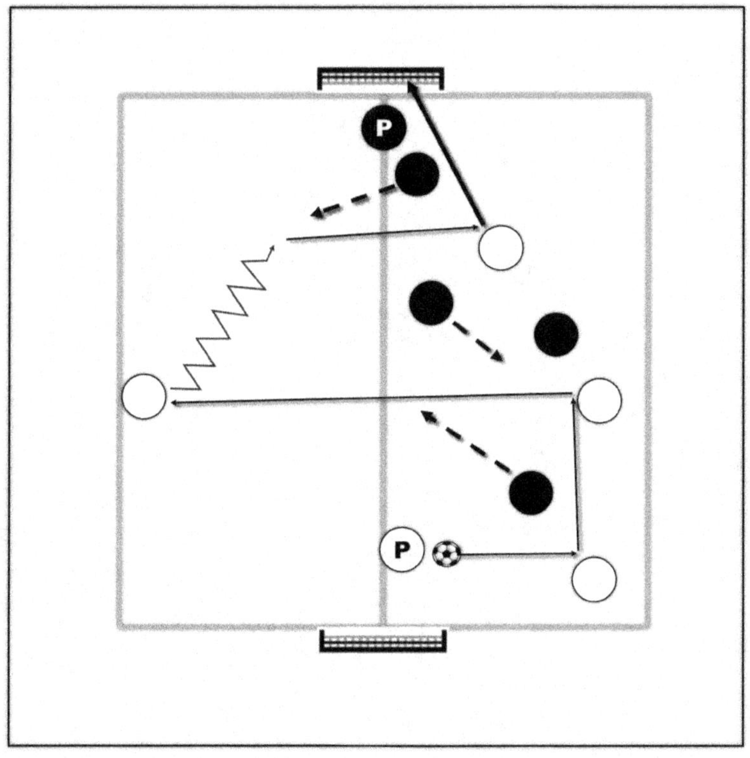

Tarea N° 30	Objetivo Principal	Mejora de la amplitud
	Jugadores	12 (P+2C+4x4+P)

Explicación

Con el campo distribuido como en la imagen y con dos pasillos laterales el equipo poseedor colocará a dos jugadores en ellos y podrán entrar a la zona central cuando reciban el balón de un compañero con el que cambiará el rol. Cuando un equipo recupera el balón los comodines jugan para ellos y colocan dos jugadores en los pasillos (pueden ser los comodines o cualquier otro) para atacar en amplitud.

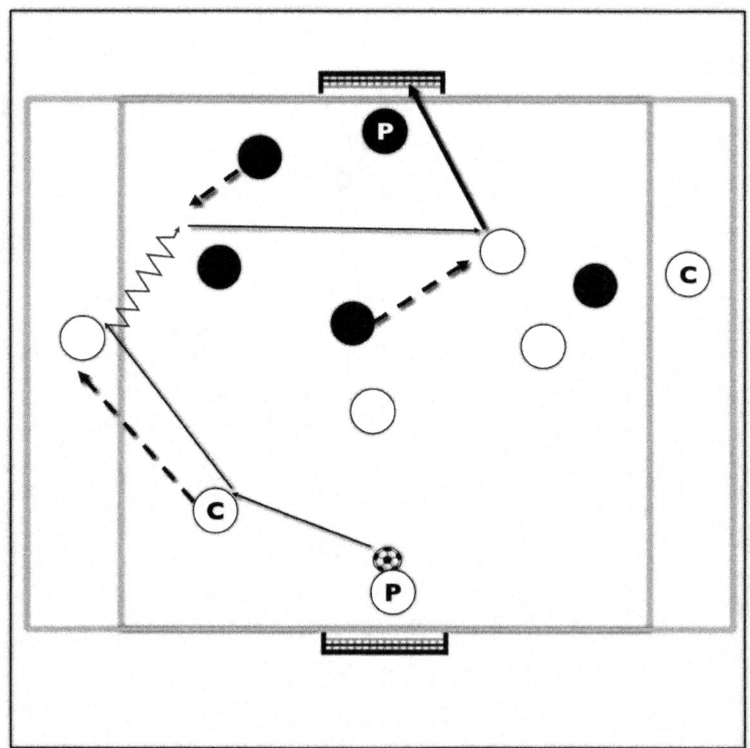

Tarea N° 31	Objetivo Principal	Mejora de la amplitud
	Jugadores	12 (P+5x5+P)

Explicación

Con el campo distribuido como en la imagen y con dos pasillos laterales el equipo poseedor podrá ocupar los pasillos laterales con dos jugadores y el equipo sin balón sólo podrá ocuparlos con uno. El equipo con balón aprovechará la superioridad numérica en amplitud para atacar al rival. Si un equipo recupera cambia el rol con el que perdió el balón.

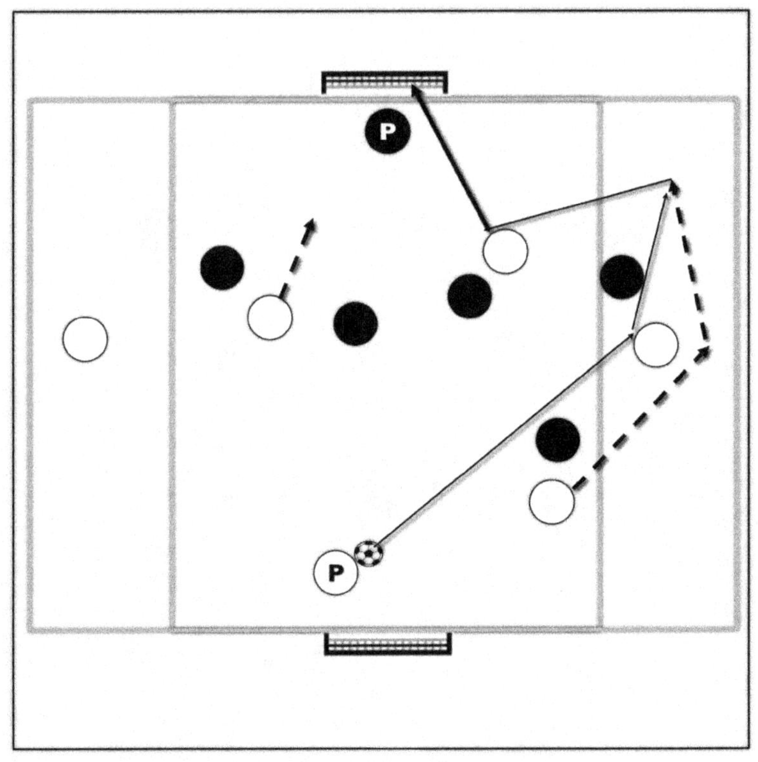

Tarea N° 32	Objetivo Principal	Mejora de la amplitud
	Jugadores	16 (P+2C+3x3+3+3+P)

Explicación

Con el campo distribuido como en la imagen y los jugadores del equipo negro sobre las líneas. El equipo blanco irá atravesando las líneas conduciendo (de una en una) aprovechando la amplitud de los comodines, no pudiendo hacerlo los comodines. Los jugadores del equipo negro podrán interceptar y abandonar las líneas para anticipar un pase. Cada vez que pasen una línea saldrán los rivales sobrepasados , menos en la última que podrán presionar para que no finalicen. Si el equipo negro recupera utilizará los comodines para atacar con amplitud.

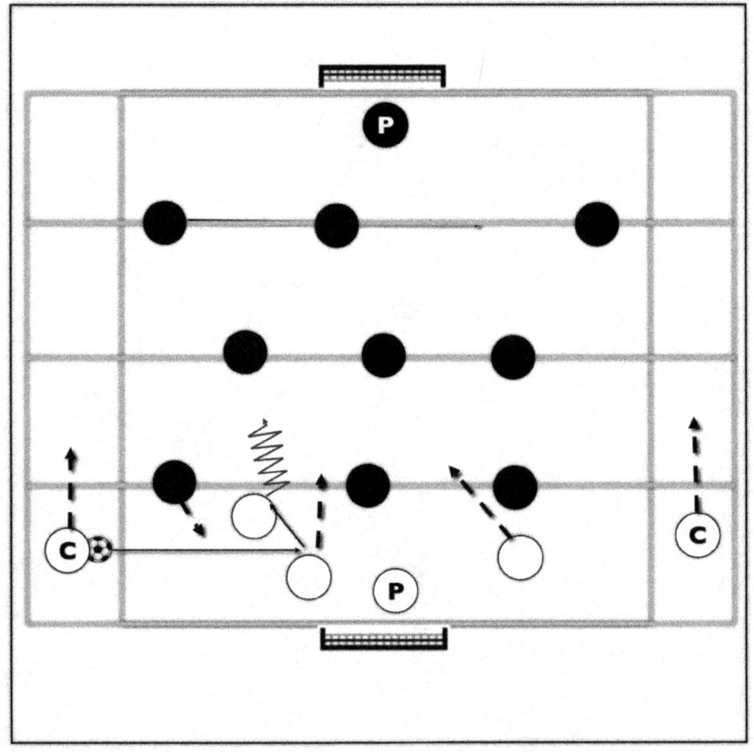

Tarea N° 33	Objetivo Principal	Mejora de la amplitud
	Jugadores	16 (P+2+5x5+2+P)

Explicación

En un hexágono se juega cinco contra cinco con dos jugadores por fuera cada equipo y con porteros. Cuando un jugador pasa a uno de los dos que está fuera cambian la posición entre ellos (no pudiendo devolvérsela al mismo jugador que le pasó el balón) quedando siempre un jugador en amplitud para atacar.

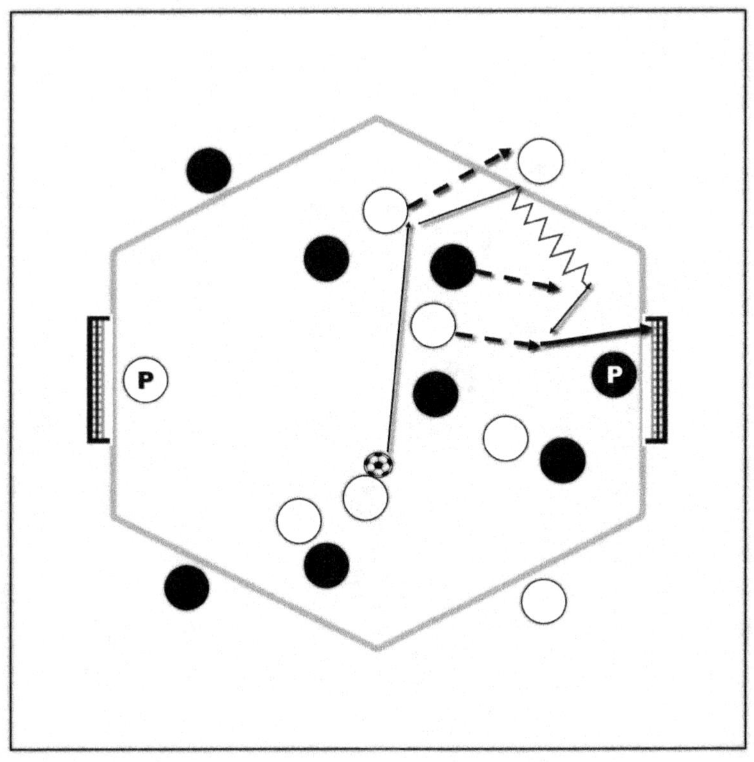

Tarea Nº 34	Objetivo Principal	Mejora de la amplitud
	Jugadores	10 (P++2C+3x3+P)

Explicación

Los jugadores distribuidos como en la imagen los comodines jugarán con el equipo poseedor, no podrán salir y tampoco podrán entrar rivales a los pasillos. Si un equipo recupera los comodines cambiarán de equipo para atacar la otra portería.

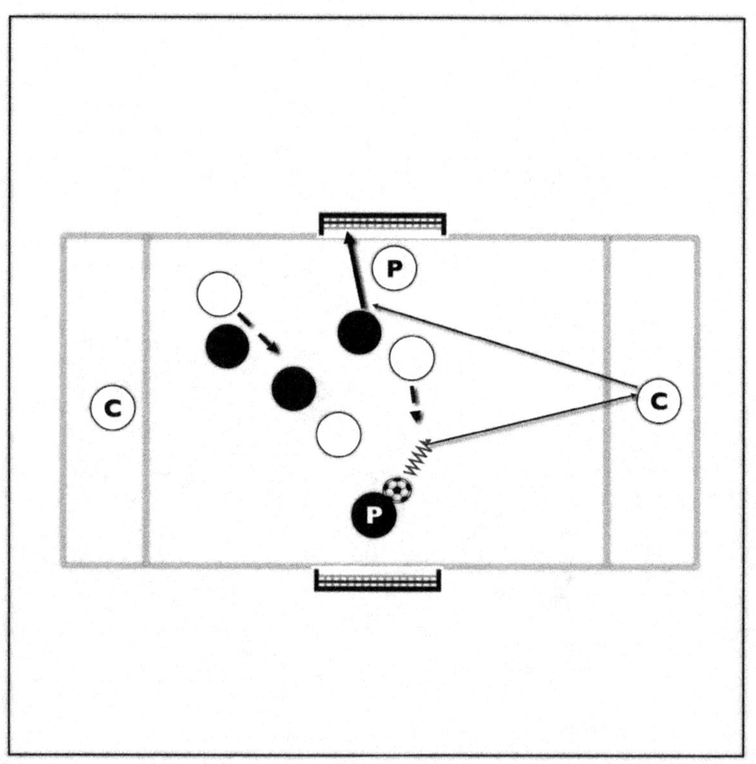

Tarea Nº 35	Objetivo Principal	Mejora de la amplitud
	Jugadores	8 (P+3x3+P)

Explicación

Los jugadores y el campo distribuidos como en la imagen. El equipo con balón tendrá un jugador en cada zona y el equipo sin balón siempre tendrá que dejar una de las zonas exteriores libre (la más alejada del balón), pudiendo moverse indistintamente por las zonas.

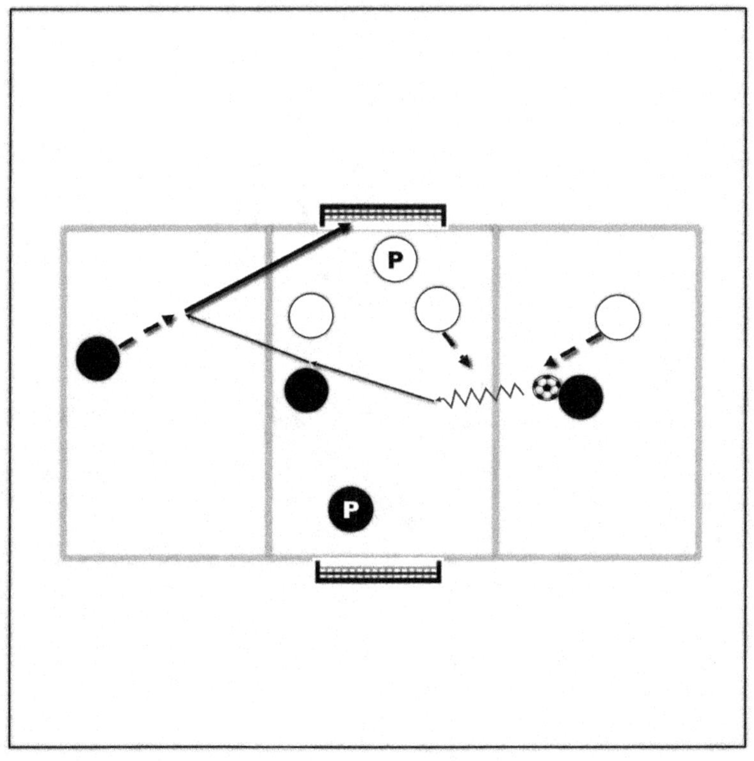

Tarea Nº 36	Objetivo Principal	Mejora de la amplitud
	Jugadores	10 (P+4x4+P)

Explicación

Los jugadores y el campo distribuidos como en la imagen. El equipo con balón tendrá un jugador en cada zona y el equipo sin balón siempre tendrá que dejar una de las zonas exteriores libre (la más alejada del balón), pudiendo moverse indistintamente por las zonas.

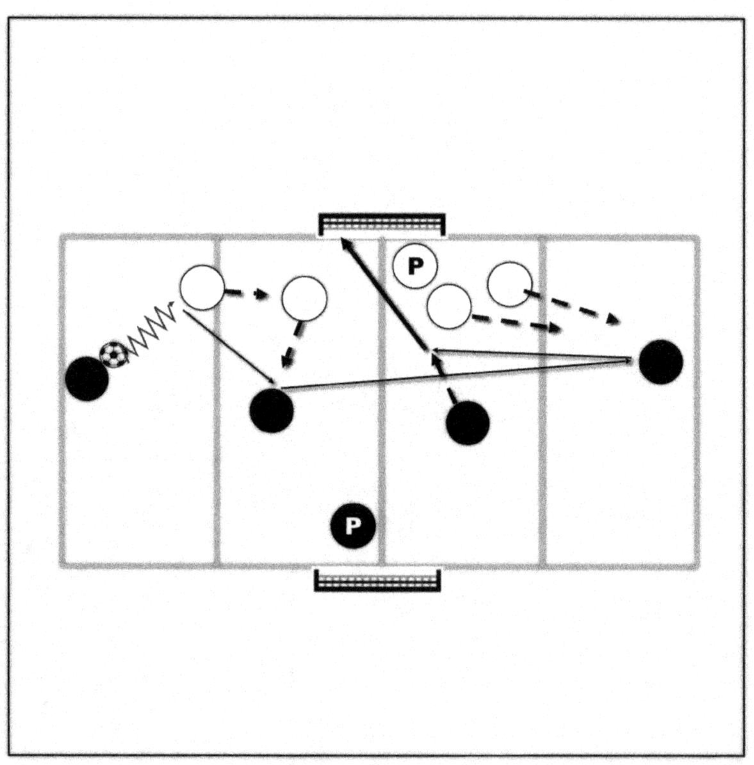

Tarea N° 37	Objetivo Principal	Mejora de la amplitud
	Jugadores	14 (P+4x4+4C+P)

Explicación

Los jugadores y el campo distribuidos como en la imagen. El equipo con balón tendrá un jugador en cada zona y se apoyará con los comodines en amplitud y el equipo sin balón podrá moverse libremente para recuperar. Si recupera el balón cambian los roles y los comodines juegan en amplitud con el equipo que recuperó.

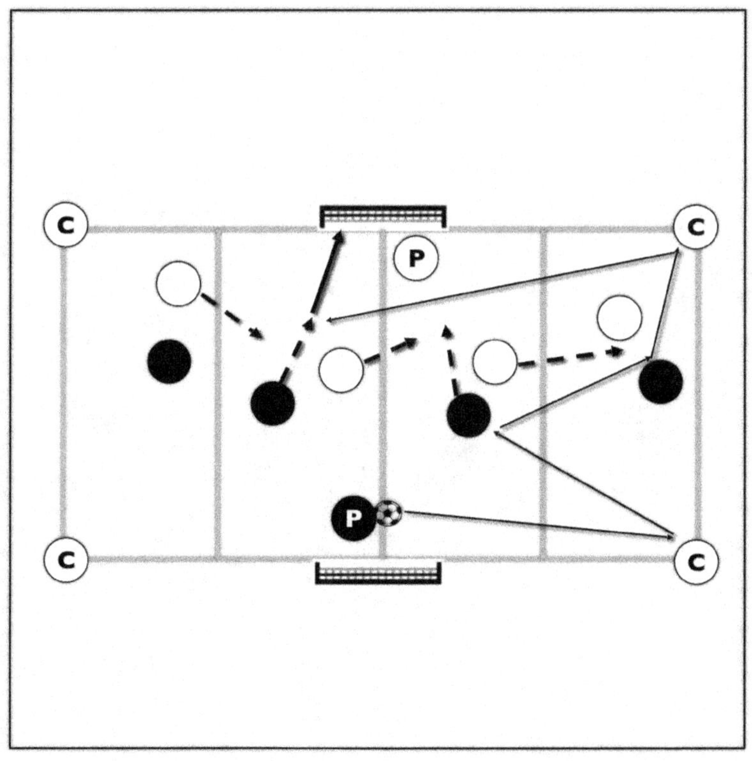

Tarea N° 38	Objetivo Principal	Mejora de la amplitud
	Jugadores	11 (P+4x4+C+P)

Explicación

Los jugadores y el campo distribuidos como en la imagen. En el equipo sin balón los jugadores no podrán abandonar sus zonas. El equipo con balón atacará en amplitud con libertad de movimientos por las zonas y con la ayuda del comodín para conseguir superioridades. Si un equipo recupera el balón cambiarán los roles y el comodín jugará con ellos.

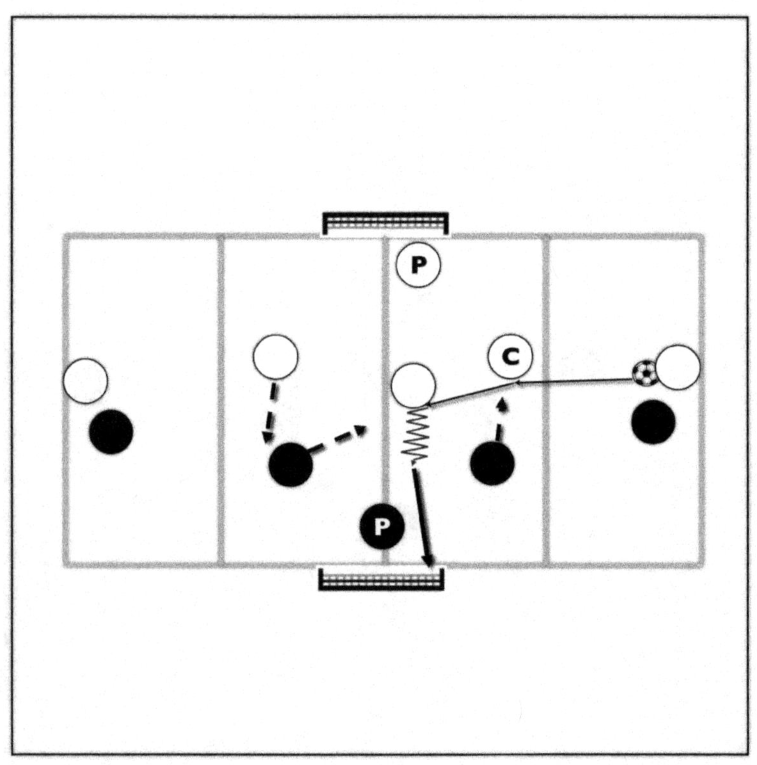

Tarea Nº 39	Objetivo Principal	Mejora de la amplitud
	Jugadores	16 (P+6x6+2C+P)

Explicación

Los jugadores distribuidos como en la imagen. Los comodines participarán con el equipo poseedor del balón y en los pasillos. Solo podrán entrar en el pasillo un jugador del equipo que no tiene balón (cuando el balón este en un pasillo).

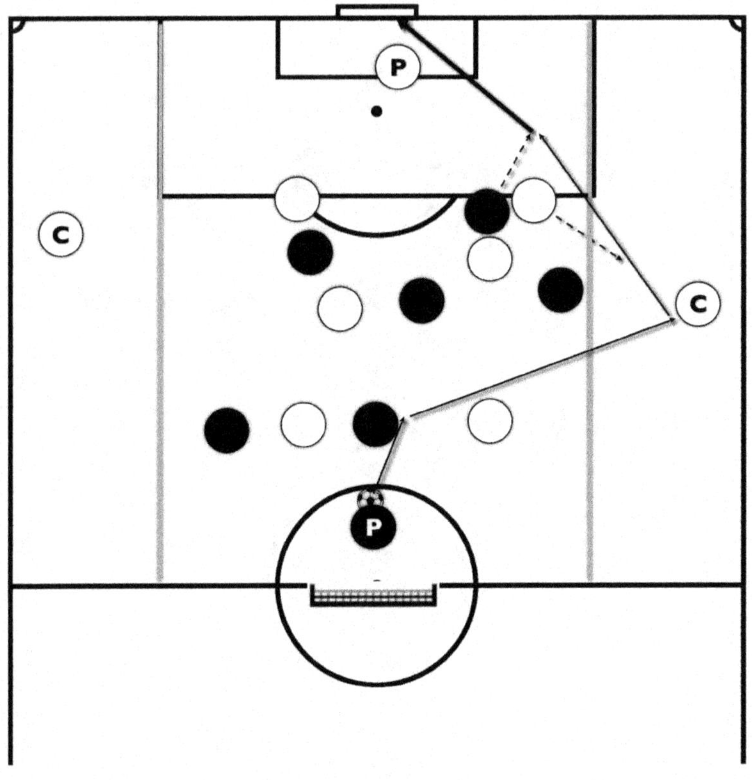

Tarea N° 40	Objetivo Principal	Mejora de la amplitud
	Jugadores	18

Explicación

Con el campo distribuido como en la imagen y los jugadores del equipo negro sobre las líneas. El equipo blanco irá atravesando las distintas líneas (de tres, cuatro y cinco jugadores) conduciendo o pasando el balón (de una en una) aprovechando la amplitud de los jugadores. Los jugadores del equipo negro podrán interceptar y abandonar las líneas para anticipar un pase. Cada vez que pasen una línea saldrán los rivales sobrepasados, menos en la última que podrán presionar para que no finalicen. Si el equipo negro roba atacará la portería rival con los jugadores que le queden en el campo.

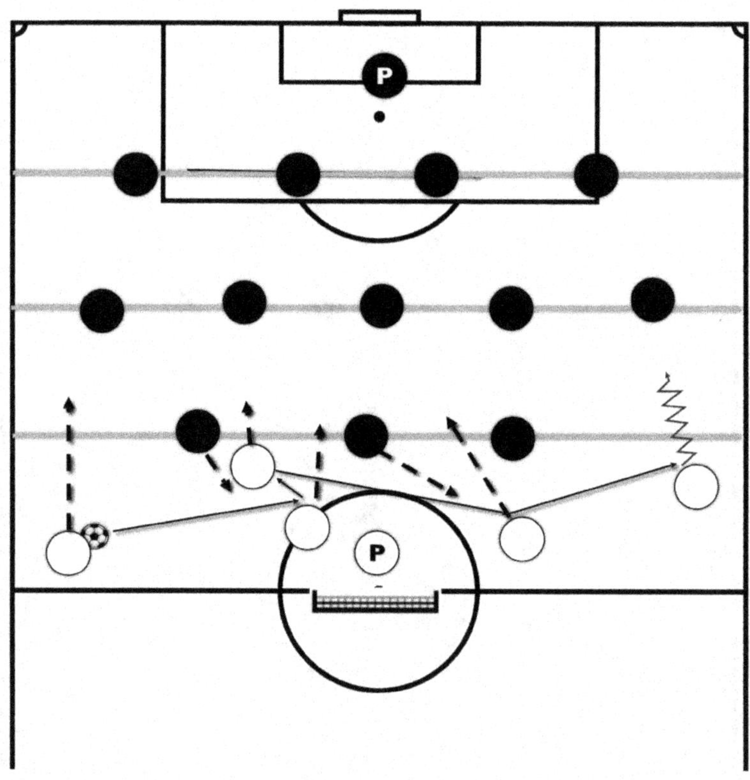

Tarea Nº 41	Objetivo Principal	Mejora de la amplitud
	Jugadores	18 (P+8x8+P)

Explicación

Los jugadores distribuidos como en la imagen. El equipo que no tiene balón solo podrá estar con un jugador en cada pasillo lateral y el equipo poseedor tendrá libertad de movimientos para obtener mayor amplitud

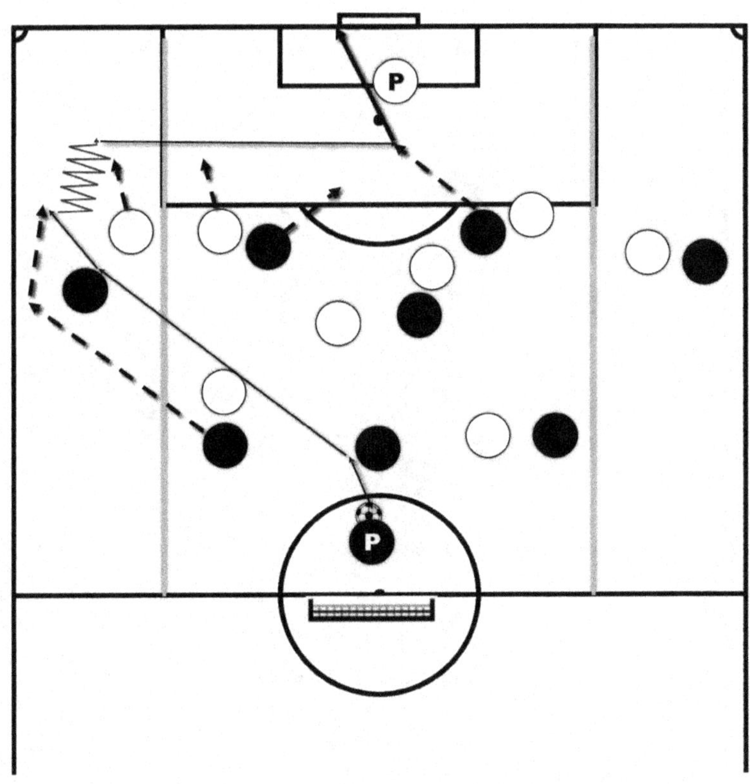

Tarea N° 42	Objetivo Principal	Mejora de la amplitud
	Jugadores	18 (P+8x8+P)

Explicación

Jugarán un partido ocho contra ocho con porteros en el que habrá una zona por la que los jugadores no podrán transitar para condicionar el juego en amplitud.

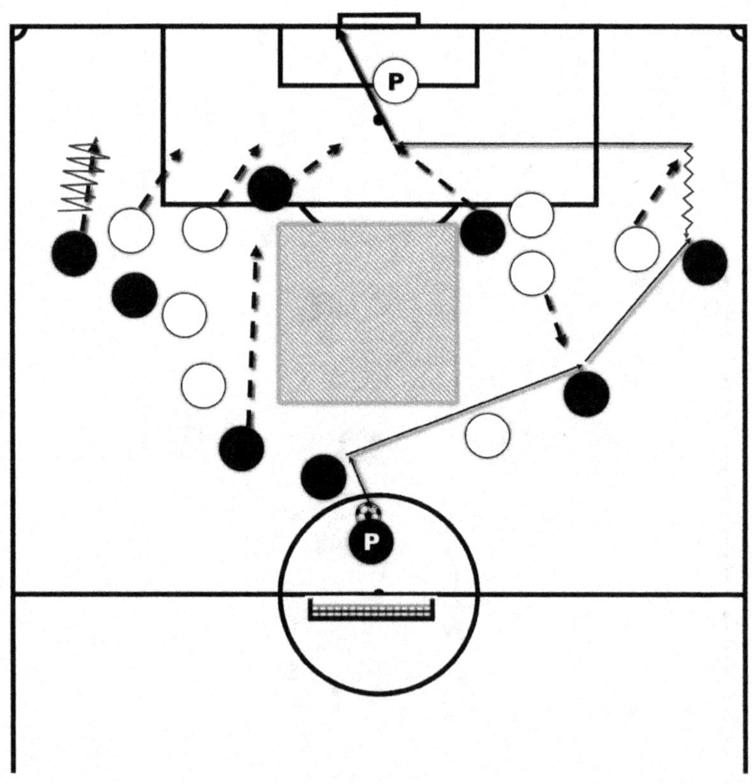

Tarea N° 43	Objetivo Principal	Mejora de la amplitud
	Jugadores	16 (P+2+5x5+2+P)

Explicación

Los jugadores distribuidos como en la imagen. El equipo que tiene balón podrá jugar con los jugadores que tiene colocados en amplitud en los cuadrados para atacar.

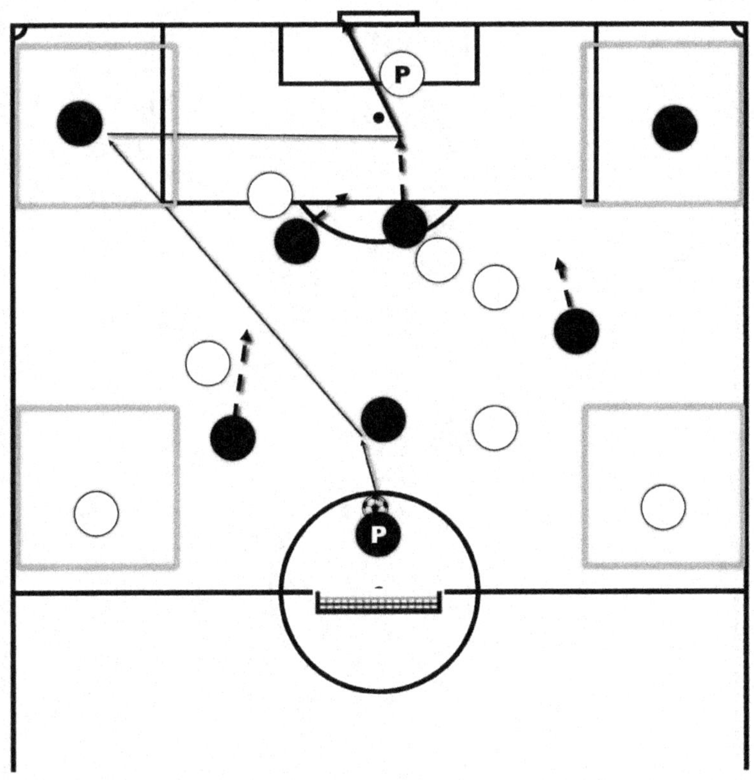

Tarea Nº 44	Objetivo Principal	Mejora de la amplitud
	Jugadores	16 (2P+5x5+4C)

Explicación

Los jugadores distribuidos como en la imagen. El equipo que tiene balón podrá jugar con los comodines situados en amplitud para poder marcar en cualquiera de las porterías

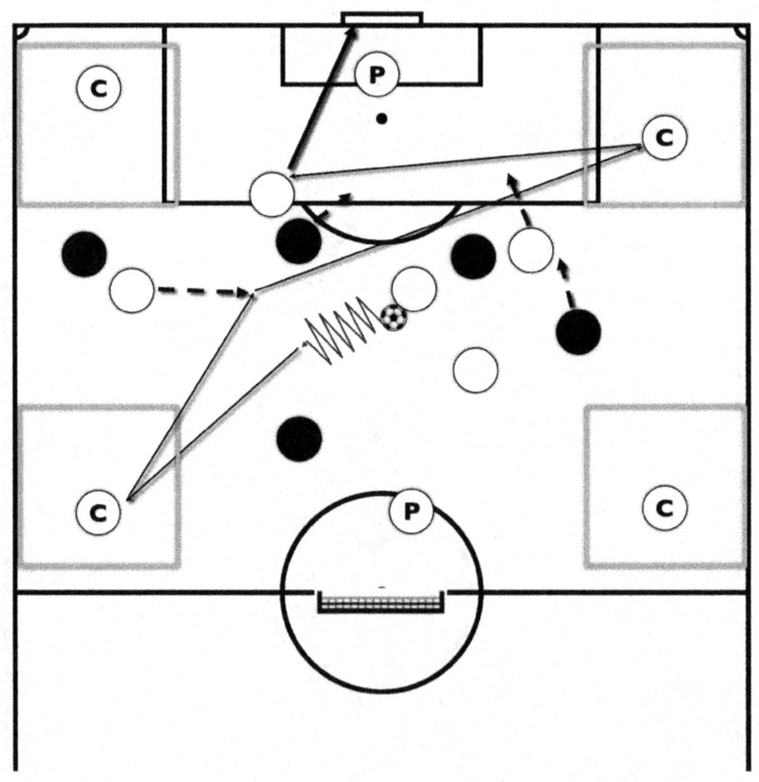

Tarea N° 45	Objetivo Principal	Mejora de la amplitud
	Jugadores	16 (P+5x5+4C+P)

Explicación

Los jugadores distribuidos como en la imagen. El equipo que tiene balón podrá jugar con los cuatro comodines situados en amplitud para poder marcar en la portería rival.

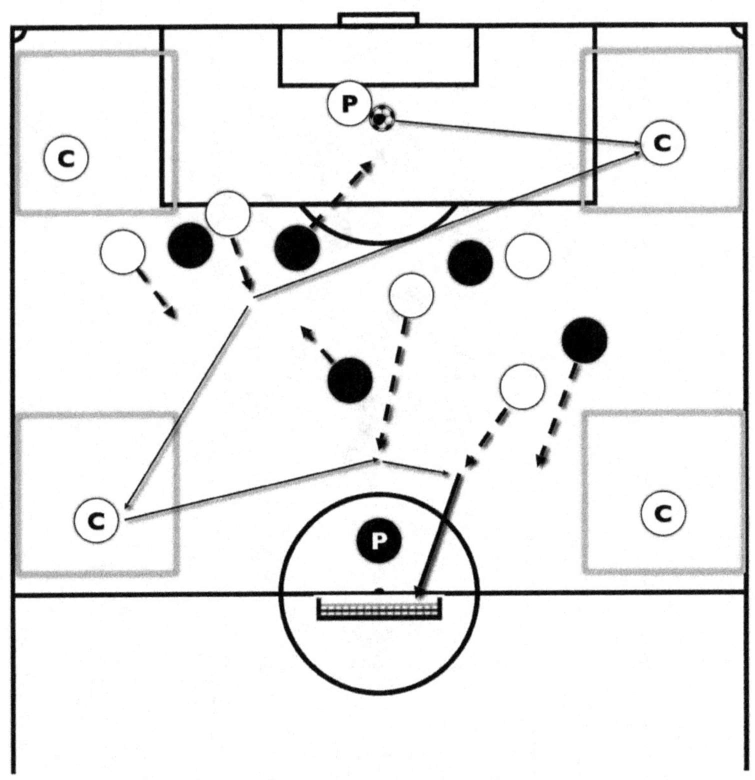

Tarea N° 46	Objetivo Principal	Mejora de la amplitud
	Jugadores	20 (P+8x 8+2C+P)

Explicación

Los equipos juegan un partido a campo completo no pudiendo ocupar la zona delimitada de las bandas, con nueve jugadores cada uno por dentro, porteros y dos comodines exteriores que cuando reciben juegan para el equipo que les pasó. En caso de que un equipo recupere el balón los comodines jugarán con el equipo que recuperó.

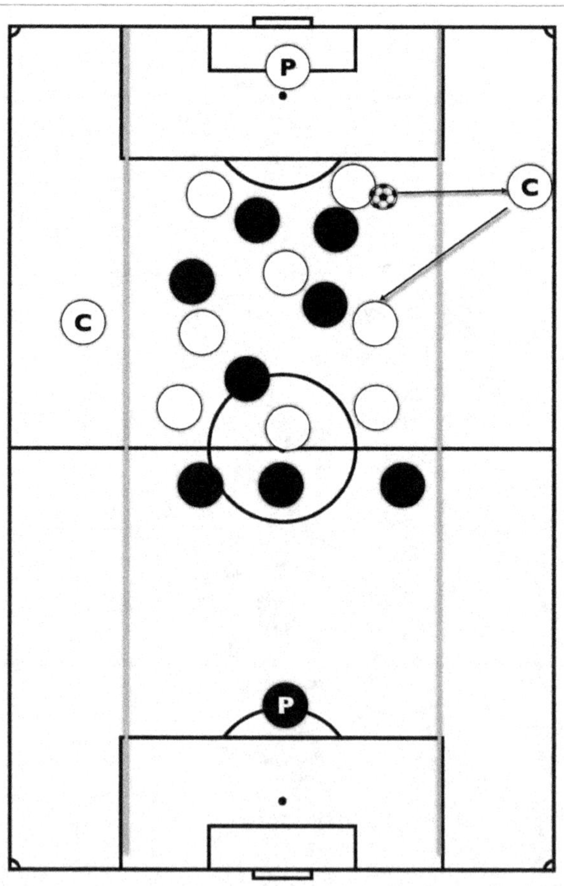

Tarea N° 47	Objetivo Principal	Mejora de la amplitud
	Jugadores	20 (P+8x 8+2C+P)

Explicación

Los equipos juegan un partido a campo completo no pudiendo ocupar la zona delimitada de las bandas, con nueve jugadores cada uno por dentro, porteros y dos comodines exteriores que cuando reciben juegan para el equipo que les pasó e intercambiarán la posición con el jugador que les pasó que quedará en amplitud. Cuando un equipo recupera el balón los comodines o cualquier otro jugador del equipo que recuperó vuelven a colocarse en amplitud para atacar.

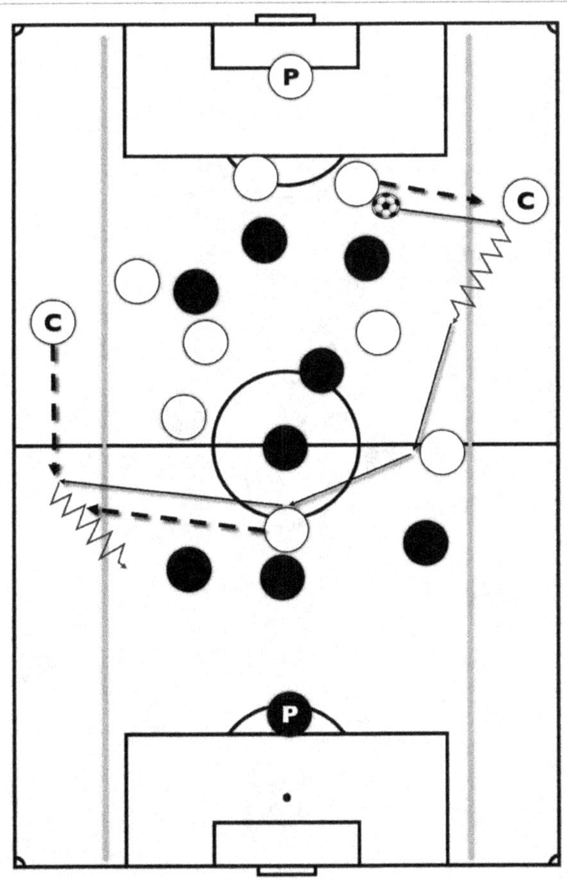

Tarea N° 48	Objetivo Principal	Mejora de la amplitud
	Jugadores	22
Explicación		

Los equipos juegan un partido a campo completo no pudiendo ocupar las zonas marcadas para que el juego se desarrolle usando la amplitud del campo.

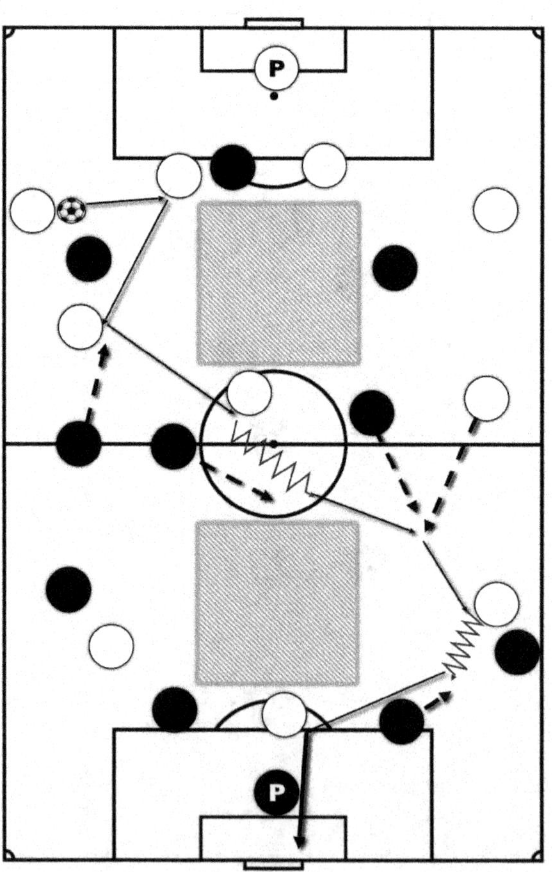

Tarea N° 49	Objetivo Principal	Mejora de la amplitud
	Jugadores	22

Explicación

Partido en el que un equipo empezará teniendo la posesión de balón y el rival sobre las líneas. El equipo con balón intentará jugar con los jugadores más adelantados de la siguiente zona utilizando la amplitud que le darán los comodines que irán avanzando conforme el balón llegue a las zonas. Cuando una línea es superada esperará que su equipo recupere para atacar sobre la portería rival. Cuando se enfrenten a la última línea deberán atravesarla conduciendo y los jugadores podrán retroceder para presionar el tiro. Si el balón sale del terreno de juego los equipo cambiarán los roles.

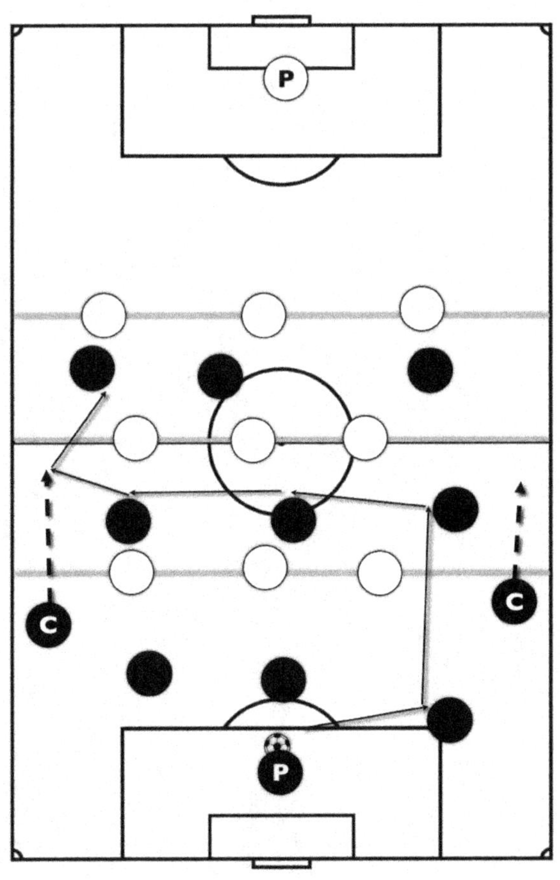

Tarea N° 50	Objetivo Principal	Mejora de la amplitud
	Jugadores	21

Explicación

Partido en el que un equipo empezará teniendo la posesión de balón y el rival repartido por las zonas. El equipo con balón intentará jugar con los jugadores más adelantados y poder avanzar a la siguiente zona utilizando la amplitud que le darán los comodines que irán avanzando conforme el balón llegue a las zonas. Cuando una zona es superada los jugadores esperarán que su equipo recupere y poder atacar sobre la portería rival. Cuando se enfrenten la última zona atacarán la portería.

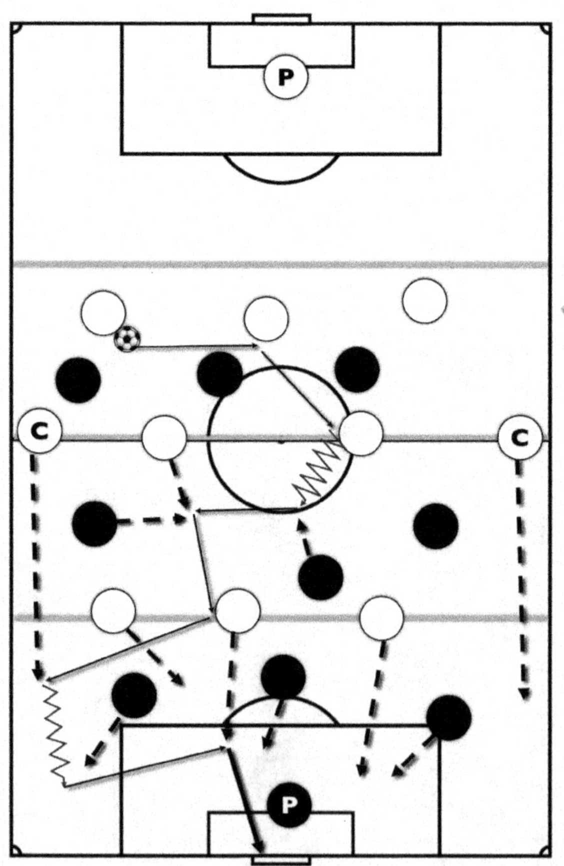

BIBLIOGRAFÍA

- Bangsbo, J. y Peitersen, B. (2002): *Fútbol: Jugar en defensa.* Editorial Paidotribo. Barcelona.

- Caneda, R. (1999): *La zona en Fútbol.* Editorial Wanceulen. Sevilla.

- Cano Moreno, Óscar (2010): *Fútbol: Entrenamiento global basado en la interpretación del juego.* Editorial Wanceulen.

- Castelo, J. (1999): *Futbol. Estructura y dinámica del juego.* Editorial INDE. Barcelona.

- Castellano, Julen y Casamichana, David (2016): *El arte de planificar en fútbol,* Editorial Fútbol de libro.

- Castellano, Julen; Casamichana, David y San Román, Jaime (2015): *Los juegos reducidos en el entrenamiento del fútbol.* Editorial Futbol de libro.

- Conde, M. (2000): *Contraataque.* Instituto Monsa de Ediciones.

- Couto, A. (2015): *Las grandes escuelas del Fútbol Moderno.* Editorial Fútbol de libro.

- Fradua, Luis (1997): *La visión periférica del futbolista.* Editorial Paidotribo.

- García Ocaña, Francisco (2008): *Fútbol y Fútbol sala: 250 actividades sociomotrices.* Editorial Paidotribo. Barcelona.

- Garganta, J. y Pinto, J. en Graça, A. y Oliveira, J. (1997): *La enseñanza de los juegos Deportivos.* Editorial Paidotribo.

- González, Alberto (2013): *Fútbol. Dinámica del juego desde la perspectiva de las transiciones.* Editorial Learning 11.

- Juan Sánchez, D. (2016): *La Periodización Táctica en Fútbol Base y Aficionado: Aplicación práctica para categoría infantil, cadete, juvenil o aficionado.* Autoedición.

- López López, Javier (2009): *Fundamentos tácticos ofensivos.* Editorial Wanceulen.

- López López, Javier (2009): *Fundamentos tácticos defensivos.* Editorial Wanceulen.

- López López, Javier (2009): *500 juegos para el entrenamiento físico con balón.* Editorial Wanceulen.

- López López, Javier (2009): *400 tareas integradas para el entrenamiento de la táctica ofensiva.* Editorial Wanceulen.

- López López, Javier; Wanceulen Moreno, Antonio; Wanceulen Moreno, José F. y Bernal Ruiz, Javier (2009): *225 juegos para el entrenamiento integrado del pase en el fútbol.* Editorial Wanceulen.

- Mayer, R. (1996): *Fichas de fútbol. 120 juegos de ataque y defensa.* Hispano Europea. Barcelona.

- López López, Javier (2013): *Fútbol: Senior (2013): 175 fichas de sesiones de entrenamiento.* Editorial Wanceulen. Sevilla.

- López López, Javier (2013): *Fútbol: Juveniles: 160 fichas de sesiones de entrenamiento.* Editorial Wanceulen. Sevilla.

- López López, Javier (2009): Fútbol: *1380 Juegos globales para el aprendizaje y perfeccionamiento de la técnica ofensiva y defensiva.* Editorial Wanceulen. Sevilla.

- López López, Javier (2008): *Fútbol: Cadetes: 160 fichas de sesiones de entrenamiento.* Editorial Wanceulen. Sevilla.

- López López, Javier (2013): *Fútbol: Infantiles: 120 fichas de sesiones de entrenamiento.* Editorial Wanceulen. Sevilla.

- López López, Javier (2008): *Fútbol: Alevines: 120 fichas de sesiones de entrenamiento.* Editorial Wanceulen. Sevilla.

- López López, Javier (2013): *Fútbol: Benjamines: 80 fichas de sesiones de entrenamiento.* Editorial Wanceulen. Sevilla.

- López López, Javier (2009): *Fútbol: Prebenjamines: 80 fichas de sesiones de entrenamiento.* Editorial Wanceulen. Sevilla.

- Portugal, M. A. (2018): *El entrenamiento en Fútbol. Rondos y mantenimientos.* Editorial Lisma.

- Seirul·lo, F. (1999): *Criterios modernos del entrenamiento en el fútbol.* Revista Training Fútbol. Valladolid.

- Tamarit, X. (2007): *¿Qué es la periodización Táctica?* Editorial M.C. Sports.